大展好書　好書大展

品嘗好書　冠群可期

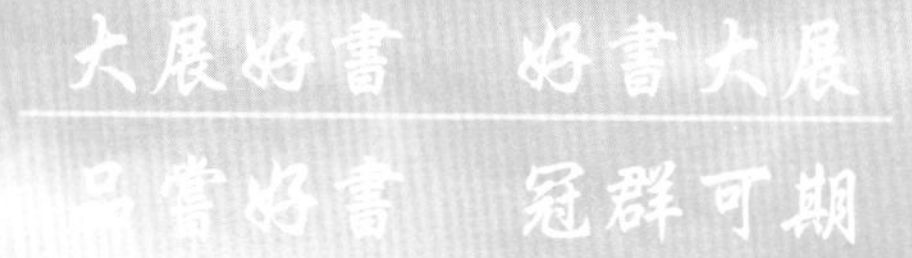
大展好書　好書大展
品嘗好書　冠群可期

佛法禪機啟示人生

心靈雅集74

普玄智　主編

大展出版社有限公司

國家圖書館出版品預行編目資料

佛法禪機啟示人生／普玄智主編
－初版1刷－臺北市，大展，2011〔民100.09〕
面；21公分－（心靈雅集；74）
ISBN 978-957-468-826-5（平裝）
1.佛教修持　2.生活指導

225.87　　100013293

佛法禪機啟示人生

主　　編／普　玄　智
發 行 人／蔡　森　明
出 版 者／大展出版社有限公司
社　　址／台北市北投區（石牌）致遠一路2段12巷1號
電　　話／(02) 28236031・28236033・28233123
傳　　真／(02) 28272069
郵政劃撥／01669551
網　　址／www.dah-jaan.com.tw
E-mail／service@dah-jaan.com.tw
登 記 證／局版臺業字第2171號
承 印 者／傳興印刷有限公司
裝　　訂／建鑫裝訂有限公司
排 版 者／千兵企業有限公司
初版1刷／2011年（民100年）9月

定　價／250元

前言

我們每一個人都是社會的一份子，並不能單獨生活，因此，我們每一項行動，都會有相應的對象，並視對象的反應，產生一定的結果。

目前是個資訊爆發的時代，各項競爭非常激烈，有些人不免對人生的意義起了懷疑——為什麼每天除了痛苦還是痛苦，為什麼我總是得不到……。

佛教是從觀察人類生存在這個世界中所遭遇的問題，進而指示求生之道的宗教；是一種慈悲的宗教。佛教的教誨，包括教導人們彼此互愛、體貼。事實上，我們日常生活中所使用的話語裡，也有不少佛教語。

中國的參禪者，都有各式各樣的語錄，用來表達自己茅塞頓開之後的悟境，他們所說的一言一語，都深中要害，鞭闢入裏，極為簡潔，可說為現代人繁忙生活中提供一片淨土。

本書以佛家感悟人世的智慧為基礎，對經典的禪理，展現了禪機，並結合了現代人生哲理，貼近生活面，使人們的心靈在歷涉真理後有所頓悟，創造法喜，豐富人生。

證嚴上人說：「以清淨的智慧、靜寂的心來觀世間相，才能分辨出人生該走的路、該做的事。」

人生苦短，過去的一切只會使你無法輕鬆。生活最重要的，是緊緊抓住你的夢，讓夢可以來去自如；建立一個積極的意識，為自己開拓一條屬於自己的人生康莊大道。

目錄

第二章 佛禪智慧

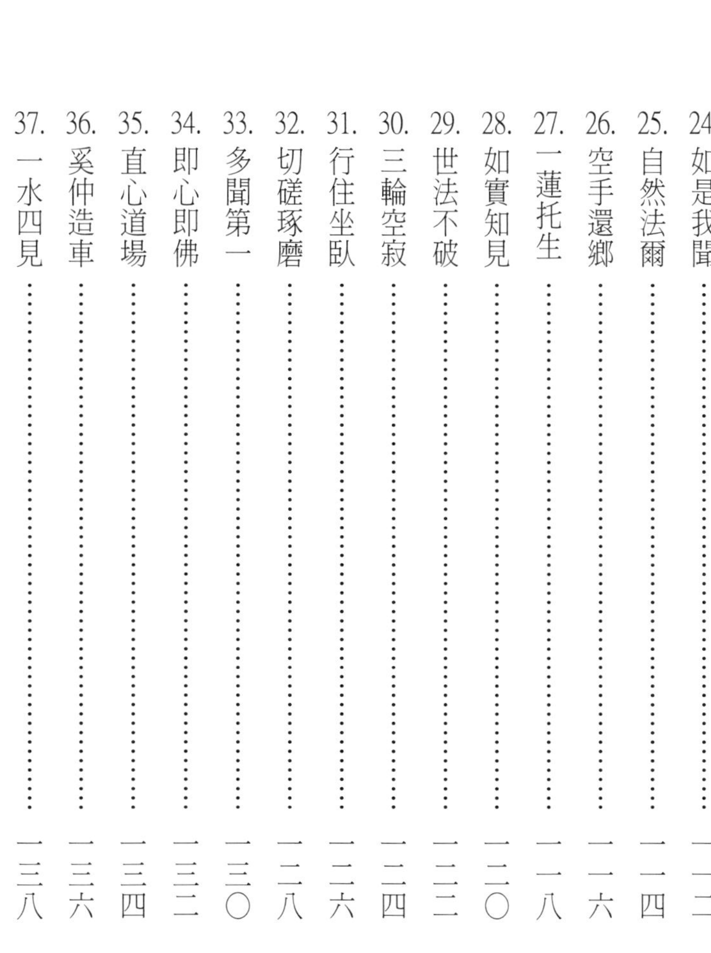

第一章　佛學雜談

1. 認識佛教

①「佛教」名稱由來

對應「佛教」的桑斯克利特語，就是「佛塔・夏薩那」。「佛塔」音譯變成「佛」，「夏薩那」就是「教」，合起來就是「佛教」。「佛」是指「悟道的人」或「覺者」，因此「佛教」就是「悟道者的教誨」之意。

「悟道者」並不光指釋迦牟尼。無論任何人，只要是悟道者的說教，就稱為佛教。而大乘佛教的想法，就帶有此種濃厚的色彩。

在歷史上，開始創作佛教的是釋迦牟尼，所以把「釋迦牟尼的教誨」說成「佛教」也並沒錯。加果太固執於釋迦牟尼為歷史上的人物，尤其以大乘佛教為中心說法，那麼佛教實際精神的開展，就會有不能了解之虞，此點要特別加以留意。

「佛教」亦有「佛說」、「佛語」的意思。「說」主要意義是「說明、指

示」。「佛說」、「佛語」都是原來語言的中譯。

現在印度的統一通用語是印度語，佛教稱「伯得・達魯瑪」。外國學者以桑斯克利特語來發音，就表示為「巴達・達魯瑪」。「伯得」是印度語「布達」的衍生語，就是「布達的後裔」和「佛教徒」的解釋意思，比「達魯瑪」的解釋來得好。一般「法」中譯為「教」的意思。

②佛教的目標

佛教是以得悟、解脫、進入涅槃為最終目標。尤其古佛典中所出現釋迦牟尼的教誨，都集中在這一點。

當然，所謂「得悟」、「解脫」、「涅槃」，並非只是單純的理論，而是要在修行體驗之後，才能獲得。「悟道」就是排除我們苦惱的根源，以及存在我們心底的迷惑。不過，所謂「悟道」，除非是已得悟的人，不然就不能完全了解到底何謂「悟道」。

隨著時代的演變，人們悟道的素質成為問題。可能有專心修行，比較迅速到達

此境界的人，不過也有原來就不適合修行的人，或不專心修行，以及心中迷惑太多而不能得悟的人。

佛教的目標即使有各種不同說法，但佛教以「得悟」、「解脫」、「涅槃」為目標，是不會改變的。

有一句「極樂往生」的話，其意是說，以阿彌陀佛的力量，在阿彌陀佛的淨土（極樂淨土）上重生。

在此經常產生誤解，有人認為想極樂往生的人，並非是以得悟為目標，因此與真正的佛教無關。

不過，這不是正確的斷定。所謂極樂往生，並非永遠在極樂裏快樂過活；其宗旨是，在今生沒修行的人，前往極樂淨土的良好環境下，在阿彌陀佛的指導下，一心一意的修行，並在那裏得悟。所以，極樂往生也是以得悟為目標。

③「佛經」是什麼

所謂「經」，就是桑斯克利特語「斯特拉」的中譯語，而「斯特拉」原為

「系」的意思，不久轉變成「簡潔的規則」或「簡潔的說明」之意。也就是為了適合背誦，而省略複雜的說明，僅留下必要、最小限度的詞句記載，而且像這種風格的文章稱為「斯特拉集」。

但是，不知什麼原因，佛教的「斯特拉」，多是說明很長的語句。桑斯克利特語的版本有五百到六百頁，是用細小的文字撰寫而成，令人感到奇怪，為何「斯特拉」有這麼長的文章。

佛教的「斯特拉」及佛經，大家都認為是記載佛的語言，但實際上，任何古佛經，都是在釋迦牟尼去世後，經過幾百年才撰寫出來的書。

在古時候，一般印度人很少使用文字，大都依靠背誦。佛教的情形，也是一樣，佛經的編輯方式是讓和尚都聚集在一起，由和尚們聽某一和尚的背誦，而加以記載。最初的編輯是在釋迦牟尼去世後不久開始。這時背誦的佛經，一開始都會說「如是我聞」，然後才開始背誦。因此，多數的佛經都是從「如是我聞」起頭。所以，佛經應該和釋迦牟尼的說教無關。

即使是釋迦牟尼直接背誦給弟子，也是經過其弟子的耳朵與頭腦，而由於弟子的想法和理解力不同，就會出現大大小小的差異和歪曲。再經過時代的演變，傳到各地區，加上增補、刪除，其扭曲愈來愈大，終於陸續出現內容矛盾的佛經、大同小異的佛經、或小同大異的佛經。

此外，大乘佛教所傳的佛經也不少。這種佛經和上述佛經的起源完全不同，在釋迦牟尼去世幾百年後，大乘佛教的各種教團，為自己使用而來編輯。因此，這種佛經不能說是記載釋迦牟尼所說的話。事實上，原來是佛教的人，譴責大乘的佛經，不是釋迦牟尼所說的話。

如此說來，大乘的佛經難道就不是佛經嗎？問題又並非如此簡單。

佛經很重要，這是因為並非只是記載釋迦牟尼一人的教誨，而是記載了「悟道者」所說的「悟道內容」及「悟道的方法」。所謂「悟道者」，當然就是「佛」。但「佛」不僅只指釋迦牟尼一人，只要是達到和釋迦牟尼同樣境地的人（大家公認者），都可稱為「佛」。

因此，這些人所說的話，就有做為「佛經」的資格。或者，非常接近「佛」的人，因為具有某種靈感，能明白的聽到「佛」的言語，這種也可稱為「佛經」。所

以說，大乘的佛經，仍然可稱為佛經。

④人死亡後變成什麼

沒有任何人看過死亡後的世界，所以，誰也無法肯定的形容死亡後的世界究竟是什麼樣子，但大致都以佛教的想法，來加以說明。

輪迴，也就是生、死輪迴。不過，並不是死亡之後就立即誕生為其他生物。佛教稱死亡後為「死有」，而誕生則稱為「生有」，從死有到生有須花費一段時間，平常這段期間最長為四十九日。而此期間的情形，稱為「中有」或「中陰」。「中有」是桑斯克利特語「阿塔拉哇巴」的中譯語，其意是「中間的生物」。

人死亡後，靈魂從軀體跑出來，變成所謂的「中有」。但是，此中有仍然具有形態或姿勢。也就是說沒有真正的身體，而只有虛幻的身體。不過，此身體有如氣體一般，由非常稀薄的物質構成，所以人眼是看不見的。此身體能夠順利通過像牆壁一樣的阻隔體，據說其大小大致和幼兒相同。

當四十九日來到時，「中有」就等候在男女正在做愛的地方，並靜靜的窺伺其

狀況，當男性射出精子的那一瞬間，中有就立即跳進胎內，而順利投胎轉世。

這是成為人或動物（畜生）的情形。輪迴又經常稱為「六道輪迴」，是說死亡以後，重新誕生時，有六種不同的領域。依最差的地方開始循序排列，就是地獄道、餓鬼道、畜生道、修羅道、人間道、天（神）道。

例如，在地獄出生的，「中有」就掉進地獄中，不經過任何成長階段，立即完成生，成為地獄人。這種誕生法稱為「化生」。而誕生為餓鬼或生在天上，以及死亡後變成中有，也都稱為「化生」。

此外，人死亡後，究竟誕生在上述六道的哪一道，這就要看此人生前有何善行、有何惡行，也就是所謂的「因果報應」。

⑤ 天堂和極樂的不同

基督教有各種不同的宗派，而這些宗派，又有承認「天堂」與不承認等混淆不清的說法。

依據承認天堂宗派的說法，人在死亡之後，靈魂會脫離肉體，分別前往天堂的

樂園和地獄中的任一處。若前往地獄，就會依照生前所做的惡行，給與相當的痛苦，以接受這些苦痛來贖罪，之後再上升到天堂。

那麼，上天的人，究竟在做些什麼呢？其實也沒做什麼，若勉強的說，只是靜靜的等待神的最後審判；不過，在天堂的人，絕對不會遭受到神做「你滅亡吧！」的有罪判決。

依不承認天堂宗派的說法，任何人在死亡後，靈魂都不會脫離肉體，靈魂會一直附在肉體上，並且昏睡下去。當世界末日來臨的時候，一切生物都滅絕、死亡，這時所有墳墓的棺蓋啟開，死者從長久昏睡的狀況中醒來，並逐次被招到神的面前，下達最後的審判。這是「復活」的說法，也可能是天堂的原型。

「復活」的說法，是在死亡後，完全不給與生前贖罪的機會，且不能修正生前所做或不做的事情，所以這是非常嚴厲的說法。

那麼，極樂的說法又是如何呢？似乎是像基督教的天堂一樣的地方，其實，它與天堂是大異其趣的。

極樂世界的主人是阿彌陀如來。阿彌陀會拯救在痛苦輪迴世界中，充滿迷惑並

永不能脫身的生物，讓這些眾生在死亡後，可誕生於自己的國度。

至於重生在極樂世界的人，亦即極樂往生之人，他們究竟在極樂世界做什麼呢？他們都在阿彌陀的指導下，一心一意地為了得道而修行。亦即，在一般的世界，不能專心修行且誘惑太多的愚者，在環境優良的極樂世界中，可專心修行。而以上所述，也就是阿彌陀的真意。

極樂世界的確是一個很優良的環境，其內開滿了蓮花，水質清澈豐盈，氣候涼爽舒適，充滿金、銀、珊瑚、瑪瑙、珍珠等財寶，是個極為豪華的地方。

⑥ 因果報應是宿命論嗎

佛教認為，不論做任何事，都會帶來某些結果，因此，依行為的良窳來決定結果，而說出「善因樂果」、「惡因苦果」。

反過來說，若現在處於某種境遇，也就是自己因前世所做良、惡行為的結果。一般人特別篤信這種前世因果的消極性宿命論。

不過，所謂「因果報應」的想法，其本來的旨趣並非此種宿命論。雖然現在的

處境是過去所為的結果，但決定自己今後以及來世的處境，卻是自己現在的行為。

在釋迦牟尼活躍的時代，也存有宿命論，其中以「巴薩拉」這人所倡導的宿命論最有名。

依據他的說法，所有生物的生死輪迴，以及重生，均沒有任何原因。也就是說，不管做任何事或不做何事，都不會影響到未來，而且為了自己未來的境遇做任何事，也都是惘然。若我們把細繩捲起成圓球形，之後再拿著細繩的最尾端，讓圓球一直滾動著，到完全解開為止；而所有生物亦是如此，自己一直滾動所定的命運線球，反覆輪迴轉生，直到線球完全解開，沒有線為止，此時也就是解脫。

由此可知，賢者也好、愚者也好，不修行的也好、修行的也好，做大事或不做大事的也好，若是不到應該來臨的日子，也就不會得到解脫；而應該來臨的日子到了，就可以解脫。

釋迦牟尼和其弟子們，均反對否定自己努力和責任的宿命論，並且強烈主張，依自己努力就能決定將來的處境，這也就是「因果報應」想法的背景。

「宿命論」的「宿命」二字，也是佛教語言之一。

佛教有制定一般信徒應遵守的五項基本戒條，稱為「五戒」。

一、不殺生戒。不可殺死生物的戒條。

二、不偷盜戒。不可有偷盜行為的戒條。

三、不邪淫戒。不可和妻、夫以外的人發生性愛的戒條。

四、不妄語戒。不可說謊的戒條。

五、不飲酒戒。不可飲酒的戒條。

⑦ 和尚為何要剃髮

所謂「和尚頭」，是因和尚在原則上要剃髮。但為何有此規定呢？簡單的說，是因佛教的開山祖──釋迦牟尼是剃髮的緣故。至於為何釋迦牟尼要剃髮呢？據說當時在印度，有出家修行的人均應剃髮的風俗；所以，釋迦牟尼也依此習俗剃髮。

整髮，是現在及以往印度、中國、日本等國，社會生活所必要的事項。但是，由於出家就是要拋棄社會生活、世俗生活，因此出家後的自己，已經不是往日的自

己，和世俗已無緣，而為了把此事告訴自己及其他人，所以，剃掉所謂世俗生活的象徵——頭髮。

不過，並不是非剃成光頭才行，據說釋迦牟尼本身就留下了兩個手指關節長的頭髮。釋迦牟尼把留下的頭髮，一根一根地向右捲起，並貼於頭部，而且一輩子頭髮都沒再成長。在「某位佛」的佛像頭上，有像痣的東西，而這就是來自於釋迦牟尼的髮型，即是所謂的「螺髮」。

⑧念珠的數目為何是一〇八顆

和尚或尼姑在誦經時，有時會手拿念珠，「卡！卡！卡！」的發出聲音，其餘的人，也有拿著小念珠的，那麼為何會有念珠呢？

標準的念珠，是由一〇八顆小珠子組成。依據一般的說法、是因妨害我們「悟」道的東西或在我們內心存在的迷惑，亦即煩惱，一共有一〇八種；因此，把這些比喻為念珠，當我們一邊誦經，一邊念珠時，就能使一〇八種煩惱消失。

的確，有這種使用念珠的方式，然而，是否原意即如此，就頗有疑問。

「念珠」的原語是桑斯克利特語「加帕瑪拉」。所謂「加帕」，就是「以低聲喃喃的說」，而「瑪拉」是「輪」的意思，兩句合起來就是「以低聲喃喃唱誦時，所使用的輪子」。

那麼，究竟喃喃唱誦什麼呢？古代的事情，我們不可能充分了解，但可能是短的咒文等具有力量的語言。這種語言在桑斯克利特語稱「曼都拉」，中譯為「真言」。

這種「曼都拉」或真言，經常會反覆的唱誦。可能念珠本來的用途，是在確認這種真言唱誦的次數。

此外，唱誦這些真言，就是以此為線索，來加深冥想。「冥想」的桑斯克利特語，中譯為「念」，所以稱之「念珠」。

念珠的珠數各有不同，惟合乎標準且正式的念珠，共有一〇八顆珠子。比一〇八顆少的，稱為簡略形式的念珠。那麼，「一〇八顆」的根據，究竟從何處傳來的？

基於佛教方面的使用，是因煩惱有一〇八種，為了消除這些煩惱，所以念珠的

珠數有一〇八顆。也就是說，把曼都拉或真言，以念珠確認次數，唱誦一〇八次，就可消除所有煩惱，這種說法足以讓人信以為真，但事實又如何呢？

在印度，有許多其他宗教是不說「煩惱」的，但也使用一〇八顆珠子的念珠，或許有人會認為，這是模仿佛教的念珠，可是並非如此，其理由如下。

一、因首先發明念珠且開始使用的就是佛教的說法，其證據尚待確定，也是說念珠的起源至今仍不清楚。

二、是因一般的印度人皆喜歡「一〇八」這個數字。

從釋迦牟尼出現以前至後世，就一直撰寫的所謂「烏巴尼夏得」的一部冥想及哲學的文獻，印度人自古就把其中重要的內容稱為「一〇八烏巴尼夏得」，以示尊重。

三、印度人最崇拜的最高神為修奴，其化身的英雄拉瑪有一〇八個名字。

另外有一本《佛教語大辭典》上說，現在印度人對聖者寫信時，都會在聖者姓名之前寫上意謂「神聖的」、「具有福德的」之譯音「丘利」，以表尊稱，在平常時都會寫上一〇八次。

因此，或許印度人一開始就有特別喜歡「一〇八」這個數字的傾向，然後基於此趨勢，把念珠的珠數定為一〇八顆，另外又想出煩惱有一〇八種的說法。之後，不知在何時，此二者結合在一起，變成前面所介紹的說法。

附帶說明一下，在佛教是以「一〇八」來定數目的東西，除煩惱外，尚有以下種種。

一、密教所謂的「一〇八尊」，就是表示悟道內容的「金剛界曼荼羅」所配置的佛、菩薩、神等，共有一〇八尊。

二、「一〇八三昧」。所謂「三昧」，就是桑斯克利特語的「薩瑪特」，表示心集中於一點，而不動搖的狀態。也就是說，達到三昧冥想的做法，有一〇八種。

三、有大家所熟悉的「一〇八個鐘響」。在除夕夜敲鐘一〇八次，就可聽到一〇八下的鐘鳴聲，這也是為了消除如上所說的一〇八個煩惱。

2. 瞭解釋迦牟尼

① 釋迦牟尼的本意

釋迦牟尼是佛教的開山祖。十九世紀有一批歐洲的學者，對釋迦牟尼是否存在，產生了疑問，但從各種狀況及證據，證實了釋迦牟尼是毫無疑問真正的存在。

釋迦牟尼是在釋迦族（今尼泊爾境內）所誕生的王子，而誕生地點距離城堡稍遠，是在一個倫比尼的地方。釋尊生下第七天後，母親就去世了，其後順利成長，並結婚生子。釋迦牟尼具有纖細思考力，從少年時代開始就深刻思考了死亡問題，終於在二十九歲的某一天，不顧周遭人的反對和感歎，落髮並穿著破衣，成為修行者離開城堡。

從此以後的六年，他和各式各樣修行者交往，從事苦行。有一天，釋迦牟尼感覺到苦行的空虛，遂拋去修行（雖有此說法，但其真實的情況究竟如何？仍不可知），而前往現在的比哈爾州州都巴登附近的伽耶地方，在尼連禪河的菩提樹下坐禪，終於得悟，成為佛陀。

經過短暫修行之後，釋迦牟尼決心把所悟得的道傳播給大眾，遂前往當時印度最大都市班那拉斯郊外的薩爾那托地方傳教「初轉法輪」。

其後，慕名來此並皈依成為弟子或信徒者眾多，教團逐漸擴大。受到各信主的援助，在各處建立了許多精舍，其中最有名的是「竹林園」和「祇園精舍」，釋迦牟尼以此作根據地來推廣教義。

八十歲時，釋迦牟尼帶了一些弟子出外旅行，在旅途中，釋尊因食物中毒而罹患重病。由於釋迦牟尼也是人，所以也會死亡，因此，他希望能死在自己的故鄉。所以，他開始邁向故鄉，作最後的旅行，但是他還未到達家鄉，就在印度中部的拘尸那羅（今日的卡西耶鎮郊外）入滅了。

釋迦牟尼亦被稱為「佛陀」或「佛」。但是「佛陀」是指「得悟的人」的意思，並非是固有名詞，只要是得悟的任何人，皆可稱為「佛陀」。事實上，在釋迦牟尼的時代所活躍的弟子（舍利弗，亦稱舍利子）也被稱為「佛陀」，此乃源自古

代加益那教的文獻。

另外，把「卡烏他瑪」和「佛陀」組合，稱為「哥他瑪佛陀」，其對象就變得狹隘了。但是，佛典是否如此記載，就不得而知。另外，阿難也是得道的人，基於上述的理由，阿難被稱為「哥他瑪佛陀」也無妨。

釋迦牟尼在當王子的時候被稱為「斯搭路答」，是「達成目的」的意思，中文寫成「義成」，音譯是「悉達多」。又因是太子，所以也被稱為「悉多太子」。不過，這種名稱未見於古佛典上，或許是後世人任意取之。

從以上所述，「釋迦牟尼」之本意，是不易解說的。所以，如果要指釋迦牟尼個人，稱為「釋迦牟尼」、「釋尊」、「哥他瑪佛陀」比較好。

②釋迦牟尼出家的動機

拋棄世俗的生活，走上聖者的道路，稱為「出家」。決心出家的理由因人而異，一般是因為身旁心愛的人去世，或自己遭遇不幸，對這世界的一切感到厭煩，而產生了出家的動機。

那麼，釋迦牟尼出家的動機究竟是什麼呢？

佛傳文學上，寫著釋迦牟尼經常「四門出遊」。

根據其記載，釋迦牟尼在十四歲的某一天，從城堡東邊的門出外旅遊時，遇到因患病而痛苦的人。釋迦牟尼看見了這個痛苦的人，而悶悶不樂起來，遂立即回城堡。又有一天，釋迦牟尼從南邊的門出外旅遊。這次，他碰到衰老的老人。又再一天，從西邊的門出外旅遊，遇到了死亡的人。於是，釋迦牟尼就感到心情很鬱悶。

有一天，釋迦牟尼從北邊的門出外時，遇到了出家修行者（沙門）。就在此時，釋迦牟尼出家的想法，在心中萌芽了。

這種「四門出遊」的軼事是很有趣，不過也有人認為這故事的編排太巧妙了。

翻開各種佛典來看，釋迦牟尼在年輕時，其身形修長、纖細，所以其神經也很纖細。換言之，他是個感受性敏銳，有些神經質，一切的小事情都會煩惱的青年。因此，縱然「四門出遊」是後世所編造而成的故事；但是，釋迦牟尼也有類似的體驗，而深刻思考此煩惱，導致其出家的原因，這樣還比較接近真相。

此外，釋迦牟尼出生的第七天，母親（摩耶夫人）就去世了。以後，摩耶夫人

的妹妹當了王妃，雖把釋迦牟尼當做是自己親生的兒子來撫養，但在釋迦牟尼這纖細的少年內心中，仍然對母親的死亡，產生很大的疑問而不快樂，也說不定。

據另一說法，釋迦牟尼看到白天很端莊漂亮的後宮侍女們，到了晚上睡覺時，所顯現的雜亂和醜態，而認為即便是有魅力的女性也不過爾爾，且以此為對象來快活的過日子，這是沒有意義的，遂終於出家了。

③ 釋迦牟尼使用的語言

釋迦牟尼的父親叫「淨飯王」，與其說是釋迦族的帝王，而不是族長，以伽毘羅城為居城。釋迦牟尼的母親叫「摩耶」，中譯為「摩耶夫人」。和淨飯王是表兄妹的關係。生下釋迦牟尼後第七天，就去世了。

淨飯王在其妻去世後，又娶了一位妻子，她是摩耶夫人的妹妹。對釋迦牟尼來說，是由阿姨變為新母親。而這位繼母，後來成為釋迦牟尼的第一位女性弟子。

淨飯王和續絃生了一個男孩子，就是釋迦牟尼的同父異母兄弟，名叫「難陀」。同樣地也出家，成為釋迦牟尼的弟子。據馬鳴所寫的敘事詩《端麗的難陀》

中記載，難陀是一位非常英俊的男子。

釋迦牟尼曾結婚。那女子是釋迦牟尼的表妹，叫耶瑟達娜或巴多拉卡迪亞亞娜。她是一位很賢慧的妻子，其名「耶瑟達娜」就是「有名譽的人」、「德高望重的人」的意思，這名字可能是後世人所取的。其妻後來和釋迦牟尼的繼母一起出家，成為釋迦牟尼的弟子。

佛典上對釋迦牟尼有第二夫人、第三夫人的事，有所記載，但其真偽仍不詳。

釋迦牢尼和其妻，生了一個孩子，名叫「羅睺羅」，不久也出家了。

在表兄弟中，出家的人也很多，其中特別有名的是「阿難」。阿難像侍者一樣，片刻不離釋迦牟尼，照顧著起居，直到釋迦牟尼去世。據說釋迦牟尼去世後，最悲傷的就是阿難了。

釋迦牟尼誕生的地方，是在現今的尼泊爾境內。當時是使用尼泊爾語，但釋迦牟尼究竟是使用何種語言，仍然不太清楚。

佛教經典中的古典，是以巴利語記載。此種語言，其實是釋迦牟尼去世後，經過一段時間才在西印度使用。因此不能說，佛教經典是以巴利語記載，而釋迦牟尼

也就是使用巴利語。

不過在古老時代所撰寫的巴利語的經典中，出現古「瑪卡迪語言」的味道，此語言可能是「加逸那教」最古老的經典類所使用語言的根源。而在釋迦牟尼所活躍的印度東部的瑪卡達（現在比哈爾州），或其邊界地區，或有可能在釋迦牟尼的時代，均使用此語言。

於是，斷定釋迦牟尼是使用古老的瑪卡迪語，但卻沒有充分的證據。

不過，大致可確定，釋迦牟尼主要的語言只有一種。而釋迦牟尼巡迴的地區又很廣泛，所以要對各種信徒說教，因此可推測，他能使用各種語言。

如此說來，釋迦牟尼初次說教的地方，就是在巴那拉斯大都會的近郊。此大都會有很多婆羅門的文化人，這些人所使用的語言是桑斯克利特語。因此，釋迦牟尼為能和他們說教，可能也會使用桑斯克利特語。

所謂桑斯克利特語，是婆羅門等上流社會的通用語，除此以外的語言，稱為俗語或方言；若以中國話來比喻，釋迦牟尼使用北京話外，也會說出山東腔或湖南腔的語言。

3. 釋迦牟尼雜談

① 弟子

依佛傳文學的說法，釋迦牟尼出家，離開了卡此拉娃斯多城後，其父親淨飯王，因擔心釋迦牟尼的健康和安全，就讓憍陳如等五位部下也一塊出家，追隨著釋迦牟尼。和尚又稱為「比丘」，於是把此五人稱為「五比丘」。五比丘隨著釋迦牟尼，從事嚴格的苦行。

據另一說法，這五人是因釋迦牟尼的苦行，深受感動，才追隨釋迦牟尼的。

有一天，這五人看到釋迦牟尼停止苦行，遂認為釋迦牟尼墮落了，也因此離開了釋迦牟尼。但是，當這五人再度會晤釋迦牟尼時，釋迦牟尼已經得道了，於是五比丘又成為釋迦牟尼的弟子。

由此可知，釋迦牟尼最初的弟子，就是五比丘。佛教的教團合稱釋迦牟尼五比

丘為「僧伽」、「和合僧」。

釋迦牟尼的弟子，一開始只有男性。第一位女性弟子，可能是釋迦牟尼的繼母瑪哈布拉佳芭迪。事實上，據說瑪哈布拉佳芭迪是和釋迦牟尼的妻子耶瑟達娜，一起出家的。

因此，哪一位是第一個女性弟子並沒關係，一般是以釋迦牟尼的繼母為第一位女性弟子，或在受戒的順序排列上表明，其繼母是第一位女性弟子。

不過，釋迦牟尼原來對女性的出家非常消極。但是，由於阿難從中溝通，才使釋迦牟尼收女性為弟子。不過，據說釋迦牟尼為此採取了幾項條件，就是女和尚（比丘尼）必須尊從男和尚（比丘），或是比丘可責備比丘尼，但比丘尼卻不能責備比丘等。

②衣　著

釋迦牟尼最初所穿的衣服，是非常的破爛不堪，這種衣服被稱為「糞掃衣」，在掃除糞便時才穿用的，如抹布一樣的衣服。此種布如棄置路旁，或許會被用來當做包裹死屍的布。

此外，一般和尚等修行者所穿的衣服稱為「袈裟」。原來是指某種顏色的語言，此處意指「壞色」，或是褐色，總之，不是非常艷麗的顏色。當然，用破布做的衣服，一定不會有很鮮艷的色彩。

從各種佛典可查證出來，從某一時期開始，釋迦牟尼就不再穿糞掃衣了，而改穿新的衣服，由此可證，釋迦牟尼對於後援者所捐贈的服裝並未拒絕。

據幾種佛典證實，釋迦牟尼的表弟提婆達多認為非糞掃衣不穿，而對釋迦牟尼的做法產生背叛的心理，遂展開「恢復原點」運動。

此外，一般規定和尚只有三件衣服，上面穿兩件，下面穿一件，共計三件衣服。然而，這似乎不是釋迦牟尼的時代所做的決定。

不過，在中亞或中國寒冷的地方，只穿這三件衣服是不足以禦寒的。於是衣服的規定有了改變，如：漸漸地在著色上求變，和尚也可穿紅色或紫色等華麗顏色的衣服。

③ 慾　望

事實上，和尚不吃肉，就是從不殺生戒，亦即不殺動物的戒律所引起。

在佛教的教團中，最初立此不殺生戒的應是釋迦牟尼。加此說來，釋迦牟尼自然也不吃肉，而且實際上，中國、韓國、日本的和尚都如此認為。

其實，釋迦牟尼並未一律禁食肉類，而且他自己也有吃過肉的情形。

在釋迦牟尼時代的和尚，都是自己料理食物。他們多半於上午持鉢，巡迴附近的人家乞食，而此種乞食的行為稱托鉢。此外，偶爾信徒會邀請吃飯，在乞食托鉢的原則下，是不能拒絕任何信徒給與的食物。因此信徒所給與的肉，也是要吃的。

不過，佛教因有不殺生戒，所以在某種情形下，吃肉是有其限制的。

依據後世的分類，有如下三種情形不能吃肉：

一、自己親眼看到，此生物是因自己而被殺。

二、從自己所相信的人聽到，此生物是因自己而被殺。

三、從各種狀況來判斷，懷疑此生物是因自己而被殺的情形。

斯里蘭卡、緬甸、泰國等南亞佛教，現在似乎繼承了釋迦牟尼時代的方式，對有關吃肉的想法，就如上述所說。但是，傳到中國與日本的大乘佛教，不知基於什麼理由，變成了和尚在任何情形下都不能吃肉。

所謂得道，就是消除迷惑或迷惘，成為無慾望的人。如此說來，釋迦牟尼是否沒有慾望，這是一個很難作答的問題。認為釋迦牟尼沒有性慾和物慾，乃無庸至疑之事。但是，釋迦牟尼也是活生生的人，所以可能具有最低限度的食慾。

在巴利語的經典中記載，釋迦牟尼因食物中毒，而體驗到死亡的痛苦，他告訴弟子「我很渴，想喝水」。

得到解脫，而消失一切迷惘，就如燈火被風吹熄的狀態，稱為「涅槃」。有關涅槃，後世有如下說法。

就是，涅槃有兩種階段。一種是生存時所獲得的涅槃，在這時期，還有身體，為維持身體，而有最低限度的慾望。其身體作用並非完全停止，這時期的涅槃叫「有余依涅槃」。

第二種涅槃，就是此種有余依涅槃的人，死亡後能進入涅槃的人，稱為「無余

依涅槃」。就是沒有任何涅槃的意思，亦稱為「般涅槃」。

把釋迦牟尼的死亡，不僅說是進入「涅槃」，而且是進入了「般涅槃」。

④遺　言

釋迦牟尼在接近臨終時，所說的遺言，以下列兩者最為有名。

第一者是「以自身為島嶼，並為依據，不要把他人做依據。以教誨島嶼為依據，而不可以其他事物為依據。」

其意是，所依據的就是自己本身，和釋迦牟尼以往所說的教誨或法典。但若仔細思考，其實不是釋迦牟尼所遺留下來的教誨，也並非師父或弟子的東西。而是有所自覺，修行悟道得來的，不是藉由他人所致。教誨是永遠真實，只不過是先由釋迦牟尼說出而已。

所謂「島嶼」，或許稱為「中洲」更為貼切。其意為從充滿迷惘或苦惱的此岸，渡過平靜而安定的涅槃彼岸的一種線索。

此外，譯成「島嶼」的這句話，也可解釋為燈火。事實上則可譯為「自燈明」。

另一者是「諸行無常，無怠精進」。

所謂「諸行無常」就是指「所有事物不會永遠保持同樣的狀態」。閱讀古經典，就可豁然而解釋迦牟尼所強調的是「生存者，必定會死亡。人類的壽命，大致以百歲為限度。」

所謂「精進」，原譯為「勇者的心機」或「邁向目標的力量」。但在佛教，一般則取之「一心不亂，勉勵修行」的意思。

人生不長，不知何時會面臨死亡。所以在能夠修行時，要努力修行。

這些教誨，可視為促進無限勇氣與決斷力的語言，成為後世佛教徒的指針，可說是釋迦牟尼的遺言。

4. 佛教語淺釋

①出　世

佛教語的「出世」，有如下兩種語源。

一、是桑斯克利特語「布達・烏得巴達」的中譯語，而寫成的「出世」。「布達」是表示「悟道的人」，曾音譯為「佛陀」、「佛」，且通常是指釋迦牟尼。「烏得巴達」是「發生」或「出現」的意思。

將整句組合起來，便是表示「釋迦牟尼出現在這世界」，也就是「出世」。據說，釋迦牟尼之所以會出現在這世界，是為了身負教導眾生的偉大任務。

二、「出世」的語源是來自桑斯克利特語「魯科達拉」，而「魯科達拉」是「魯卡」和「烏達拉」的合成語。通常，「魯卡」均譯為「世間」，也就是「俗世間」。「烏達拉」是「更上面」。上下合一，則為「在世間之上」或「超越世間」，而中譯威「出世間」。

總之，就是和拋棄世俗的生活，而成為修行者或和尚，以及「出家」是同樣的意思。

尤其在禪宗，稱成為佛寺住持者為「出世」。這是因為在當住持時，能和世間的人接觸，增加了說教的機會，因而由此比喻和尚出現在社會說教為「出世」。

②自由

「自由」特別受禪宗的愛用，是起源於中國的佛教語，表示消除一切迷惑、束縛。從字義來看，就可了解並非由「其他的事物」（他由）所產生的束縛，而且如果被期待的事物所束縛，就會不自由。

③歡喜

歡喜是「阿那達」的中譯語，是指悟道或正走向悟道階段時，從心底所湧出的喜悅。印度人則將歡喜和「有」、「知」作為真實存在的同義語。

這種歡喜是最高的喜悅，有些人在不知不覺中手舞足蹈，終於跳起舞來這種感覺的歡喜，就稱為「舞躍歡喜」。盂蘭盆舞的起源就是從念佛舞蹈而來，而念佛舞蹈則是因充滿喜悅所激起的舞蹈意念。

④ 教　理

「教理」現在和英語的「doctrine」、「dogma」一樣意思來使用，也就是「宗教」的「理」之意，但是原意並非如此。

不僅是佛教，一般在印度，教理都是用來闡明真實的契機；例如，在聖典中，最先列出來的言詞也就是「教」。如果只有教，而仍不能完全了解時，就要依據外人所用的論證，這就是「理」。

其實，「教與理」和僵硬不化的教條主義，是有其不同的方法論。

⑤ 乞　食

至少在釋迦牟尼時代，和尚是不容許擁有金錢，或從事農業等生產活動，因

此，食物的來源，除非是去撿食野果子，不然就是帶著鉢，巡迴附近的人家要求化緣。但是，現今佛教和尚及印度苦行者，已不再有如此行為，而顯得頗為儀式化。不過，禪宗的和尚，為了修行，仍有此托鉢行為。

要求施捨食物的行為，桑斯克利特語說成「比科夏那」，中譯為「乞食」。乞食的男性在桑斯克利特語稱為「比科修」，女性則稱為「比科修尼」。所以，男性的和尚稱為「比丘」、女性的和尚稱為「比丘尼」，就是取其音譯語。

⑥宿命

「宿命」是桑斯克利特語「璞兒維尼巴薩」的中譯語。「璞兒維」表示「在以前」，此處是表示「在前世」。而「尼巴薩」是「寄住」或「住所」的意思，在此意味「生存」或「生活」。合起來就是「在前世的生活」或「在前世的情況」的意思。

佛教認為自己現在所處的環境，是由自己前世的所做所為來決定。因此，宿命就有了用於命運意味的用法。

⑦ 平　等

「平等」是桑斯克利特語「薩瑪」（相等）、「薩瑪達」、「薩瑪多娃」（相等的情形）的中譯語。所謂敵方、我方，善、惡，苦、樂，及其他任何事物，本來是沒有區別（差別），而有「善惡平等」、「苦樂平等」的使用，且把所有事物平等看待的冥想，就稱為「平等觀」。

虛無主義者——尼釆，所說的「善惡的彼岸」，就是受到印度宗教及佛教的「善惡平等」之想法影響。

⑧ 諦　觀

諦觀是拋棄追求某項事情的心意，具有消極負面色彩的詞句。這句話是起源於佛教語，但在佛教，對此句話給與了最高的正面形象。「諦」和「薩替雅」等是桑斯克利特語的中譯語，表示「真實」的意思。因此，所謂「諦觀」，就是「明確的了解真實」、「悟道」。

如果能了解真實，以後就不會想盲目追求某些東西及思想，遇到任何事情也不會心迷意亂，當然，這已屬最高的境界，不過，世俗對此的價值觀卻是相反的。

⑨意 表

發生意外的事情時，會被稱為「出於意表」。這句話可能起源於佛教的語言。

佛教有「業」的想法，其意為「行為」，而行為有身體的行為、口頭的行為及心意的行為等三種，這也就是「身口意三業」。

身口意這三種行為，一定會給付諸行動的人帶來結果，即所謂的自食其果。凡是作惡多端者，死後一定會下地獄。雖然，結果的出現要花上一段時間，但所謂行為並非當場就消失，而是以眼睛看不見的無形狀態，纏繞著行為的本人。

於是，看得見的行為稱為「表業」，看不見的行為則稱為「無表業」。因此出現睡眠的無表業，也就是睡醒時會產生結果的原因。

身口意這三者，若發生某些作用時，就變成身表業、口表業和意表業。而表業經常簡稱為「表」，因此，意表業就變成了「意表」。

不過，一般意是沒有表業。意的作用是由身及口來表示，因此認為，表業只要身表業和口表業就夠了。

也許這種說法有些錯綜複雜，總之，意表就是「心裡作用」的意思。

⑩引導

「引導」原是禪宗經常使用的詞句。其原意是，不論和尚或一般人，把人引進佛教教義中。

不久，「給他引導」這句話，變成在葬禮時誦經，替死者引導進入佛教教義的意思。而對死者賦與成名或法名，都是基於此想法。

這句話後來轉變成為，「已經就此結束了，自己以後再也沒辦法增長，只好看破」的意思。

附帶說明一下，中國道教也有使用這句話，但是稱為「導引」，其意是「把人引進，成為仙人的道路」。

⑪觀　察

觀察在佛教用語上，是和「觀念」相同，就在心中仔細想像阿彌陀佛或極樂淨土的情形，並把精神集中在這種情形的冥想。

因為這種仔細冥想及思考凝注，為了和自然科學的「observation」相似，所以譯為觀察的意思。

⑫觀　念

「觀念」是細細的來回想阿彌陀如來或阿彌陀如來淨土的極樂情形，並帶有一些想像遊戲的冥想意味。

這種觀念被希望在極樂往生的心情下實施，因此不久，人們開始重視臨終時的觀念，並且為更強化觀念意象，而有將五色繩索連接於圖像中阿彌陀如來的手，其另一端則自己緊緊握住的作法，這種作法非常的流行。因此，「觀念」就轉變成為臨終意識。

同時，不知基於什麼原因，這句「觀念」後來被譯成英語 idea 的意思。若使用於哲學用語上，則會經常出現「你的想法是觀念論」、「我最討厭沒有時間觀念」等語句。

⑬甘露

在口渴時喝冰啤酒而覺得身心舒暢，不由得讚美它為甘露！甘露！也稱免費的飲料為甘露。

古時中國稱神的飲料是甘露，在佛教語則表示係古印度神的飲料。其原語是桑斯克利特語的「阿目利達」，意思是長生不老的妙藥。因為神飲用了這種甘露，所以才能保持永遠的生命。

「阿目利達」語的名詞，在印度也意味「不死」，但是所謂「不死」在佛教古文獻就是解脫。

「對有耳朵的人，啟開甘露之門」這句話，成為釋迦牟尼充滿自信的名言。因此，「甘露之門」就是「不死之門」，也就是「解脫之門」、「涅槃之門」。

⑭懺悔

現在，懺悔似乎成為基督教的語言，但原來是屬於佛教語。此句話的原語是桑斯克利特語「科夏瑪」，表示「忍耐」或「忍耐、寬容」的意思。

違反佛教戒律的和尚，必須於特定的日子，在大眾面前告白罪過，這就稱為「懺悔」。而大乘佛教，就變成在佛像面前告白罪惡的做法。

⑮自在

自在，意謂「具有能做任何事情的能力」，為桑斯克利特語「伊修巴拉」的中譯語。其與現在的瑜伽在形式上有些相同，但是，在以前是印度佛教盛行的一種修行方法。

其目的之一是為「獲得能做所有事情的能力」，亦即「神通」或「神通力」，而「神通」及「神通力」其原語有多種，其中一種就是「伊修巴拉」的抽象名詞形「阿修巴利亞」，譯為「自在力」。

⑯塔

所謂「塔」，是細長聳立的建築物，也就是由五層塔的形象所致。

原來這句話是桑斯克利特語「斯得巴」的音譯語。所謂「斯得巴」，就是收藏釋迦牟尼或偉大和尚遺骨（舍利）、遺品的地方，不過原來的形狀是一種土堆，完全投有塔的形象。

從「塔」的國字形狀來看，就可會意為「把土堆起來，其上長草的地方」，也就是「塔」。

五層塔之所以稱為「本來的塔」，是因放在五層塔基壇內含有舍利（小水晶珠）的容器——覆鉢，其形有如鉢倒過來，頗具有「土堆」（塔）的傳統色彩而稱之。

⑰惡　魔

「魔」是妨害修行的東西。桑斯克利特語稱為「瑪拉」，其意為「置人於死的

東西」。

不管如何，只要努力修行，就能解脫，在佛教及印度的古文獻中，對解脫有「不死」這個別名。因為解脫的人，已經脫離輪迴的輪，所以不會再生，也就是說，不會再一次死亡，因此稱為「不死」。而妨礙修行的東西，就是「使人死亡的東西」，也就是「置人於死的東西」。

依據傳說，釋迦牟尼在為悟道努力修行時，惡魔天（波旬）教唆自己三位女兒，去想辦法誘惑釋迦牟尼。

其女兒的名字分別為巴利語的「阿拉替」、「拉卡」和「達哈」。「阿拉替」是表示「嫌惡」，「拉卡」是代表「貪婪」，「達哈」是「渴愛」的意思，此三人亦即表示所謂人類本能的根本迷惑，當然釋迦牟尼排斥了惡魔一家的誘惑。

提起惡魔，會令人想到基督教所謂的惡魔（撒旦），亦即在我們外側，使我們討厭並感麻煩的東西。

但是，這裏所稱的「惡魔」，其語源是來自佛教的惡魔，「他」藏在人的內心，並會把人束縛在痛苦的世界，就好像嗎啡毒品一樣。

⑱過　去

「過去」、「未來」和「現在」，原來都是佛教語。「過去」是桑斯克利特語「卡達」的中譯語，其意為「逝去的」。「未來」是「阿那卡達」的中譯語，是「又來了」的意思。而「現在」是「布路它瑪那」的中譯語，有「現在有」及「現在正在發生的」之意。

由此可知，「過去」、「未來」和「現在」，本來並不是直接指時間而言。若要指時間，就必須說成「過去時」、「未來時」和「現在時」。

因此，在佛教是不太說「時間流程」，反而重視「事物的流程」。亦即，時間並非從過去時間未來時流轉，而是現在「還未來到的」事物，不久就「即將逝去」的意思。

那麼，所謂事物究竟要到何處、又要到什麼地方去呢？亦即，事物要到我們的地方來，也要從我們的地方離去。

至於，究竟是怎樣的事物會來到我們的地方呢？其實，事物並不會任意來到我們的身旁，而是由我們選擇才來的。也就是說，我們現在做什麼決定，將會導致什麼樣的結果。正確的說，如果說成「決定一半」，或許更為貼切。因為佛教認為，另一半是由自己前生的行為（業）所決定的。

有關「未來」這一點，頗令人玩味。如果將「未來」說成「將來」，其意則為「即將來臨」，但並不含有日後的事情可依自己自由創造的意義。

此外，現在我們都以「過去、現在、未來」的順序來說，但在佛教，卻按照「過去、未來、現在」（簡稱「過、未、現」）的順序。

⑲ 差別

最近，有關差別問題，引起很大的爭議。例如，人種差別、身分差別、女性差別、殘障者差別、差別教育等。而以上所說的「差別」，是依據沒有道理的基準，分成沒有上下的階級。但以佛教語源的「差別」來看，並不具有此種意味。

「差別」是桑斯克利特語「維謝夏」的中譯語。從印度一般宗教的文脈來說，「維謝夏」就是指事物有所謂桌子、茶杯，黑、白，善、惡，苦、樂等各種的差

異。

但是，事物之所以有如此的說法，這都是我們對事物有這種看法所致。本來，事物就是事物而已，而經由我們的加以區別（差別），才產生出所製造的差別。拋棄一切執著的地方，就將會沒有善、惡，苦、樂，敵、我之分。如此看來，一切的事物就毫無差別，可稱為「平等」。此外，特別重要的是關於善惡和苦樂，當這些變為平等時，就可稱「善惡平等」、「苦樂平等」。

這樣看來，有許多不同的事物，其實原本是平等的。如此，反覆在心中念誦的冥想，就稱為「平等觀」。

由此，「壓制差別觀，確立平等觀」的口號，的確是表明了佛教及印度宗教追求其文字意義的理想。

⑳自　然

「自然」的桑斯克利特語也有多種，其意義各有微妙的差異，而中譯的「自語」，是老子、莊子及道家等喜歡使用的語言。所以，中譯佛典的人，遂把道家的

「自然」和「自然的」桑斯克利特原語混合組成。

所謂佛教，是表示脫離一切苦海無邊，達到悟道境地。

㉑ 慈悲

「慈」的原語是「瑪伊杜力」。其意義的中譯語是「友人」、「伙伴」、「我方」，這是由「米杜拉」所衍生出來的語言，表示「友情」或「伙伴意識」。在佛教的說法，對待所有的人向對待友人一樣就是「瑪伊杜力」，也就是「慈」。

「悲」的原語是「卡魯那」，表示「悲嘆」、「同情」的意思。

在佛教上，「慈」就是指「與樂」，亦即「給人快樂」，「悲」就是「拔苦」、「拿掉痛苦」。

㉒ 實際

「實際」這句話也是佛教用語，實在令人感到驚奇。「實際」是桑斯克利特語「布達克迪」的中譯語。「布達」就是「事情」，「克迪」意味「邊緣」或「極

限」，合起來也就是「事情的極限」，亦即「真實」的意思。

㉓成　就

「成就」原來是桑斯克利特語「斯伊第」的中譯語。表示「完成」的意思，但在佛教則指「完成目的」，亦即「悟道」。

此外，在密教將「斯伊第」音譯為「悉地」，表示進行佛教式的瑜伽修行，就可獲得神奇的力量（神通力），或表示能洞察他人的心及有透視的超能力。

㉔面　目

「面」是「臉」，「目」是「臉的中心」，兩者都是個人的記號及整體形態的中心。「面目」原是禪宗所喜好使用的用語。

禪宗經常會說「本來的面目」，或會使用「父母未生之前的本來面目是怎樣」等句子。

究竟「本來的面目」是什麼意思？這問題實在很難以解答，不過大意是指，任何人本來都具有「成佛的素質」（佛性），而成佛亦即成為悟道的人。若能深深自覺成佛並非他人的事，而是自己的事，這就是「本來的面目」的涵意。

㉕世 界

桑斯克利特語「魯卡達都」的中譯語。「世」是「魯卡」的譯語，「世間」也是「魯卡」的譯語。「界」為「達都」的譯語，表示「要素」、「成分」之意。

而所謂「世界」，亦即由世間構成的主要要素，例如：海、陸、空及住在這裡的諸神、人類、動物所組成。

㉖世 間

和「世界」大致同義，也是桑斯克利特語「魯卡」的中譯語。世間有兩種，第一指含有空、海、河川、山、平原的世間，第二則是住在這裡的生物，亦即諸神、人類、動物等的世間。

因為第一世間是第二世間的容器，所以偶爾稱為「器世間」，而與此相對的第

二世間，則稱為「眾生世間」，也就是指所有生（眾生）的世間。

㉗因果

自己說了什麼、做了什麼，其結果必定會回到自己身上。反過來說，現在發生的任何事情，就是自己以前行為的原因，這是古印度對業的看法。也就是會自業自得，決不會「他」業自得或自業「他」得。

自佛教傳入後，所謂「因果」逐漸帶有宿命論的色彩。這種宿命論的意味，會讓現在遇到困境的人認為，是自己在前世未積陰德之故。而且，怨天尤人也是於事無補的，只有看破一途，因而有時還會說出「究竟是什麼因果，使我變成如此」的話來。

現在有人把自己過去的責任，經由宿命論的說法，變成不負責任的代名詞用法，而出現「雙親」的因果，會報應在孩子身上的想法，這是很令人感到困惑的，因為即使是雙親，但從孩子來看也是「他」人，因此就是「他」業自得，若真會報應到小孩，那也太可憐了。

㉘伽藍堂

所謂「伽藍」是「僧伽藍」的簡稱，其原語是桑斯克利特語的「薩卡拉瑪」，是「薩卡」和「阿拉瑪」的合成語。「薩卡」意為「和合」，具體的說法是「和尚的聚會」，亦即指「佛教教團」的意思，而「薩卡」經由音譯寫為「僧伽」二字，我們稱和尚為「僧」，其由來就在於此。

其次，所謂「阿拉瑪」經音譯寫成「藍」，其原意是「休息」或「休息的庭園」，而在此是指和尚所居住的場所。

因此，「僧伽藍」和「伽藍」均表示佛教寺院。而「伽藍堂」就是在佛教寺院供奉佛像的祠堂。

第二章　佛禪智慧

1. 不立文字

杯子裡的砂糖水喝下去，感覺非常美味。如果想要將這種美味告訴別人，應該採用什麼方式呢？

可以用言語來表達，然而，言語本身也有一定的界限。不管你再怎麼努力，也無法充分表現出這種美味。即使改用文字，結果也是相同。過於技巧的說明，反而會讓人覺得是在說謊。

禪的領悟境地亦然。正因為語言和文字有一定的界限，所以禪明白宣示「不立文字」。意思是用言語無法道盡，所以乾脆不說。

在坐禪會上，會向參加者說明坐禪的方式。例如，盤腿的方法，背骨挺直、手的法界定印等，只要稍作說明，參加者立刻就能瞭解。不過，接下來的箇中滋味，就要靠自己去品嚐了。

像杯中砂糖水中的味道，也會有微妙的差異。口渴的人喝了，感覺有如甘露一

般。反之，剛剛吃過甜食的人，喝起來卻不覺得美味。

在坐禪會上體驗坐禪，感想往往因人而異。而出現不同的感想，並不是一件壞事。因為一定並不屬於禪的世界。正因為感想不同，才會有偉大的禪語錄存在。在「不立文字」的旗印下，值得學習的文字還是很多。

對習慣說明主義的我們來說，一旦被放進坐禪世界中，可能會引起混亂。因為，一定的說明根本不適用於坐禪。

就算說明坐禪期間心靈的動態，對別人也不會有任何幫助。

正如同砂糖水的味道，只有進行坐禪的我所感受到的，才是絕對的味道。

凡事要用平常心對待。每個人都要注重自我分析，因為有大多數人，總是在欺騙自己而不知道，他們是很少能面對事實。

他們對於「失敗」只是給了一些「好理由」，而沒有尋求出它的「真理由」；難怪他們永遠是在苦藥丸上塗了一層糖衣。

每個人的「心智」原是一件奇妙的東西，它是你身體的主宰，它要使你逐漸進步，它要使你適應這個世界的環境！並且幫助你將一切潛在的力量，完全發揮出來。

2. 可離我見

佛教認為「我見」是指「我的看法」。

道元禪師曾說：

「學人第一用心應是離我見，既離我見，當不可執此身。」

所謂學人，是指修行中的人。以一般社會來說，就是學生或公司的新進人員。這些人多半具有一知半解的知識或經驗，對他人的話或忠告充耳不聞。殊不知只有捨棄自己，才能學到真正的知識和經驗。

不只新人如此，經驗老到的人也必須傾聽道元禪師的這一番話。當討論愈熱烈、愈認為自己的看法是正確時，聲音就會大為提高。這會使得那些持「這是規定，我無力改變」軟弱立場的人，感到十分痛苦。

有人說：「正義會傷害他人。」正義感極強的人，對於他人一丁點失敗或過失，總是毫不放鬆。其結果就是打擊對方。

而佛教則教我們要「原諒」「體恤」。

一旦能夠離我見，就能原諒朝向自己飛過來的刀，也能體貼他人不得不對自己刀刃相向的立場。

可惜的是，現今的社會風潮，卻是朝相反的方向前進。

現代可說是一個主張「自我權利」的時代，不過佛教的本意並非彈劾對方的過錯，而是要原諒對方的過錯。

我們不妨看看那些在做人方面失敗的例子，他們不僅無法坦然地接納別人的意見，甚且枉想對方忍受自己的頑固，他們不顧人際關係的惡化。殊不知這種自以為是的思想，是阻礙進步的最大敵人。

堅持自己的原則並非壞事，但太過於堅持己見，往往是受挫的主要原因，有了這樣的警惕與教訓，難道我們還要重蹈覆轍嗎？

法國的詩人拉佛提奴說：「各自做各自的事，牝牛的事自有人負責。」

不要多管閒事，應該全力專注於目前個人的工作。老是在意別人的事，是不可能做好自己的工作，到頭來只會浪費掉寶貴的時間。

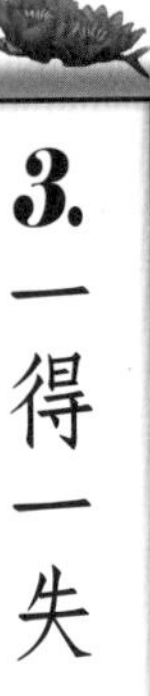

3. 一得一失

兩位修行僧被師父叫到房裡。看到兩人進入以後，師父默默地指著掛在房內的兩張簾子。於是兩名弟子一起站起身來，各自捲起一張簾子。

師父見狀不禁說道：「一得一失（一人好、一人不好）。」

看到這段敘述，為什麼一人好、一人不好呢?我們根本不得而知。

相信被指不好的弟子，一定也會感到非常困惑。

以師父的境界（領悟）來看，經常會有一方是、一方非的情形出現。在師父眼中，這個解答應該是：「似是而非」。一些沒有實力的人，通常只會模仿他人的行為做做樣子，等到深入探討以後，才發現他只不過是一隻紙老虎罷了。

相信大家也有過類似的經驗。在年輕時，可能會「感到生氣」，甚至被怒氣沖昏了頭而不肯接受他人的忠告。所以，與人發生衝突的機率也較高。

道元禪師也說：「一旦抱持自我流的想法，就無法聽進師父的話。」

所謂「自我」的想法，就是「明明與那個人相同，為什麼自己卻不行呢？」的想法。當然，這種想法非捨棄不可。

捨棄「自我」的想法以後，就不會「生氣」、不會被「憤怒沖昏了頭」，也不會和他人發生衝突。

無法做到這一點的人，一定要多多接近值得尊敬的人，努力傾聽對方的忠告。

「天生萬物，只有人類懂得笑。一旦人類忘記了笑，便與禽獸無異。『笑』是人類的特權。俗話說『懂得笑的人有福了』，可見每一個人都應該常保笑容，即使遭遇不幸，也應該面對鏡子，學習微笑。」

對一個人而言，能夠經常開心地笑，正表示心理健康，生活有意義，實為一大樂事。

人必須在環境的磨練，及周圍人際的砥礪之下才會進步。光是一個人在那兒顧影自憐，孤芳自賞，是永遠也無法進步的。

但是，我們既可能由社會中吸取善良的一面；相同地，這個大染缸般的社會，也可能使您受到污染；這個時候就必須依賴個人的判斷與抉擇了。

4. 一針三禮

大家都看過和尚身上的袈裟吧？

對生長在寺廟中的人來說，袈裟是他們自孩提時代就看慣的東西。由於袈裟可以在法衣店等特殊的店裡買到，因此現在很多修行者都不會親手縫製了。而在古代，縫製袈裟時，必須遵守「一針三禮」的原則。

所謂一針三禮，就是每縫一針，必須朝著袈裟禮拜三次。

這麼一說，各位一定會感到很驚訝吧？在孩提時代若是不小心跨過袈裟，必定會遭到師父責罵。仔細想想縫製袈裟的過程，就知道會招致責罵也是理所當然的。即使是買來的袈裟，師父也會教誨弟子要遵守這種精神。

知道縫製袈裟有所謂「一針三禮」的法則，難免會有人想要試試看。在某次研修會中，就有人向縫製袈裟挑戰。即使是不習慣使用針線的青年僧，一針一針慢慢地縫也應該不是難事。真正難的，是要恪遵「一針三禮」的法則。

開始縫製以後，接下來就是與耐性的作戰了。當縫到一半時，往往會發現其實並不是自己在縫製袈裟，而是利用縫製袈裟來磨練自己。

一邊忙著每天例行的工作一邊縫袈裟，通常要花大約一年的時間才能完成。親手縫製的袈裟看起來或許不像職業老手做的那樣一針一線都很平整，但是，對他來說，這卻是世界上獨一無二的珍貴袈裟。

任何才能都不是天生的，都必須本身下定決心，並抱定忍受一切考驗，而後才能自然產生。

心靈的充實並不是金錢可以買得到。要得到它，反倒是，非拋棄對物質的慾望不可。

法國的哲學家摩提紐說：「財物的貧困易治，靈魂的貧困難解。」

不管生活的水準已經達到任何的高峰，心靈若不充實，生活的祥和永遠是不可求的。

讓我們拋棄物慾，重新再檢討一次自我吧！

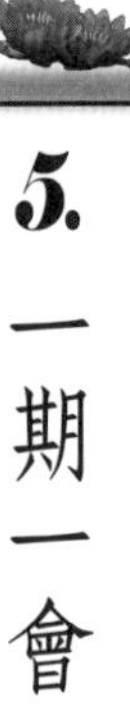

5. 一期一會

這句話在茶道世界裡，比在禪的世界裡更受重視。過去的已經過去，我們無法將其追回；而未來還沒有到，根本無從把握。換言之，真正出現在我們眼前的，只有「現在」。

用茶點招待朋友，是一種人生瞬間的相遇。因為，或許這次分別以後，兩人永無相會之日。「怎麼可能有這回事？」也許有人會不以為然。「只要想見，改天再約個時間不就得了。」這是我等凡夫俗子的想法。

一想到×年×月×日的茶會，將會是兩人最後一次相聚，主人就會竭盡全力招待客人，客人也會充分享受被招待的樂趣。反之，如果主人和客人存有今後還可能相遇的雜念，那麼雜念將會使茶會上的相遇變得不純了。

如此努力盡心，會不會感到疲累呢？很多人都有共同的疑問。但是，我們都無法保證自己明天還能活著，既然無法保證，那就應該把握眼前的一分一秒。

與「一期一會」頗為類似的，是國人「出國旅遊時的丟臉表現」。由於認定自己不會再到這個地方來，因此很多人會完全敞開胸懷，盡情做自己想做的事，即使這麼做可能損及國家形象也毫不在乎。

雖說明天之後還有明天，明年過後還有明年，工作也會一直持續下去，但如果不瞭解「一期一會」真正的含意，絕對無法全心全意去做好眼前的事情。

人與人之間的相遇，就是「現在」的相遇。因此，最好的生活方式，就是重視現在、拼命努力。

時光是不會倒流的，誰也沒有辦法回到過去。同樣地，現在的情景，也馬上就會變成無法挽回的過去。

法國的作家羅蘭說：「人生的旅程是沒有來回票的。一旦出發了，就再也回不來。」

任憑你再如何地懷念或後悔，時光都不會倒回。人，誰都沒有辦法再來一次同樣的時間。所以，現在才是最可貴的，應該全力以赴。與其眷戀過去，不如正視現在，積極行動。

6. 四苦八苦

「四苦八苦」一詞代表完成的喜悅。費盡千辛萬苦才得到的東西，歷經無數艱難才獲得成功時，最能體會這句話的箇中滋味。

所謂的「四苦」，大家都知道是指「生、老、病、死」。每當提出說明時，總會有人問：「生」之苦是什麼？人自出生以後，就會歷經疾病、年老及死亡等各種痛苦，釋尊認為這就是「生苦」。

所謂「八苦」包括：

一、愛別離苦——與自己所愛之人分別是苦。

二、怨憎會苦——與自己怨憎之人相遇是苦。

三、求不得苦——所求而不可得是苦。

四、五陰盛苦——肉體與精神毀滅是苦。

再加上前面的四苦，即為八苦。而非四加八等於十二苦。

前面的四苦是普遍的苦，例如，有錢人也會遭遇病苦、美人也會老苦，這些苦每個人平等的都會遇到。

後半的苦則因人而異。眼前擺著美味佳餚，肚子餓的人與肚子飽的人，吃起來的心理感受完全不同。

感覺因人而異這點非常重要。而前半的「四苦」，則是普遍的苦。

因為具有個人差異，所以根據心態的不同，有人承受痛苦，承受打擊始終無法緩和。對此，佛教的教誨教導人們緩和打擊的方法。

當然，如果一個人沒有向上的意志，及學習的熱情，那即使他接觸了再多的人，或者有再高的智慧，仍舊不能有任何收穫，甚至不如一個愚者。

美國的政治家富蘭克林說：「人的幸福並非由於那鮮少到來的幸運所造成的，而是由於每天不斷努力所產生的些微利益所累積而成的。」

所以重視生活中的每一天，踏實地努力充實自我的實力，這才是最重要的事。唯有如此，幸運則將在不知不覺中，不請自來。

7. 日日好日

所謂「日日好日」，是指「每天都是好的一天」。但事實上，「好日」極為難得。

一般人都認為，「好日」是從外面求來的。

得到優等獎章的這一天，當然是好日。而美女突然出現面前，當然更是好日。基於對好日的期盼，每個人都會努力追求夢想。

追求夢想並沒有什麼不好，問題是夢想破滅會使人灰心喪失，那就糟糕了。既然「好日」不能向外尋求，那麼，我們又該從何期待呢？

相信聰明的讀者已經知道答案了。那就是，向自己的內心尋求。

什麼樣的生活態度，才能讓人感覺每一天都是好日呢？

禪師的回答是：「威儀即佛法」。威儀指的是形或形式。大意是說，想要得到「好日」，就必須先端正自己的服裝及注意遣詞用句。

接受重視人心教育的人，也許會提出反對意見。但是請問各位，所謂「像和尚的打扮」，看起來應該是什麼樣子呢？

身為和尚若是披頭散髮，穿著皮衣、牛仔褲，就算你認為他說的話很有道理，恐怕也不會雙手合掌，向他表示尊崇之意吧？

選擇外側，也就是選擇形式的是自己的心，這點千萬不可忘記。

只要調整外側（服裝、語言）與心，就能看到「好日」，就會瞭解自己的存在乃是拜眾人之賜。這，就是「日日好日」的道理。

無論做什麼事，總要先下定決心才行。譬如想成為一名鋼琴家，就要先立下決心，再計劃下一步的行動。如果你決心做一名醫生，所以進入醫學院求學；若是你想成為一名企業家，那麼，下一步所要走的路就不同。

法國的箴言作家羅休弗克說：「希望和恐怖是連結在一起密不可分的；沒有希望就不會有恐怖，相對地，沒有恐怖就不會有希望。」

至於應該要選擇那一條路？那就是，應該很誠實地遵從自己的心去做選擇。如此才能使自己不會後悔。

8. 久遠實成

「久遠」是指非常遙遠的過去。所謂「久遠實成」，是要大家明白，即使是釋尊，也無法在一代就領悟成為佛陀，必須經過多次轉生、累積遙遠過去的修行，才能成為佛陀。

到印度參拜佛跡，可以看到很多氣派的佛塔。規模宏大、保存良好的佛塔，都設有欄盾這種石製扶手。在扶手旁邊，曾發生了許多佛傳及修行故事。

進行利他行修行的釋尊，前身曾是國王、商賈等各行各業的人，也曾經是猴子、兔子、鱷魚等動物。

所謂利他行，就是犧牲自己、解救他人的行為。

欄盾上的浮雕，敘述了很多不可思議的事跡。

其中之一是描述一群正在吃著芒果的猴子，看到了前來狩獵的國王等一行人，於是急忙逃走，可是前面卻有一條大河擋住了牠們的去路。這時，猴王伸長身體抓

住對岸的樹枝，以自己的身體當橋讓同伴們通過。國王見狀十分感動，乃下令部屬張開大網，救起已經筋疲力盡即將掉進河裡的猴王。

這一段故事就畫在一個圓中，製作浮雕者所展現出來的感性，令人極為震驚。

有的人有心學習求進步，但不明白怎麼踏出第一步。

首先，應從周遭的事物做起，也就是從與工作相關的事物開始學習。

為此，必須經常把持著問題意識來面對工作。當某地方產生疑問時，就立刻用功學習。

英國的經濟學家密魯說：「自我教育的真正方法是對凡事存疑。」

從疑問中才能產生更新與改革，也會使人從求變中成長。所以，經常要有問題意識，處處向自己質疑。

才能是個人努力爭取得來的；天才則是與生俱來的。避免失敗的最穩當方法，就是下決心獲得成功。

亨利福特說：「假若說成功是有秘訣的，那就是要具備體諒別人立場的能力。也就是以自己的立場觀察，以別人的立場思考的能力。」

9. 拈花微笑

釋尊為說法名人。儘管大家都認為這是理所當然之事，卻也衷心感到佩服。釋尊說法的特色，是會觀察對方的內心，用最淺顯易懂的話語來說法。而聆聽說法的人，則會聚集在釋尊周圍。

有一天，釋尊想要說法，於是像平常一樣在高座上坐了下來。弟子們知道釋尊要開始說法了，紛紛豎耳傾聽。不料經過短暫的沈默之後，釋尊卻摘下一朵花在手中拈著，然後回頭看看眾人。

弟子們不解其意，只好保持沈默。突然，釋尊的弟子摩訶迦葉尊者臉上露出微笑。

這時釋尊開口了。

「我有正法眼藏、涅槃妙心、實相無相等微笑妙法門。比不立文字、教外別傳方式附屬摩訶迦葉。」

禪的教誨，格外重視像釋尊和摩訶迦葉尊者這種以心傳心的心靈相交。這個故事在於說明，釋尊將「禪心」傳給了摩訶葉尊者。

對於傳，佛法的解釋是：「受為傳、傳為覺」。弟子從師父那兒接受時，接受力是「傳」。因此，師父的力量與弟子的力量必須相等。

換言之，所謂的傳，就是本人要認識存在於自己的佛性。

在釋尊拈花的同時，摩訶迦葉尊者就已經察覺了釋尊的意圖。由此可知，兩人的力量是相等的。

禪心並不是藉由經典或口頭進行教誨，而是直接傳達心底的東西。

各位必須知道，要將其真正的心情傳達給對方瞭解，是無法藉由言語辦到的。

對事情的內容一知半解，往往會使事情無法順利地進展，而且也是造成失敗的因素。

《書經》中有一句話說：「好問則裕。」

事情有所不解時，千萬不可悶在心中，應該積極地去尋找正確的答案。把疑問常留在心中，絕對不會對自己有益。

10. 心無罣礙

這句話出自《般若心經》中的一節。在寺廟佛間的格窗扁額上，經常可以看到禪師留下的墨跡，上面寫著「心無罣礙」或「無罣礙」等字。所謂「心無罣礙」，是指心中毫無芥蒂。

當我們擔心某件事時，愈擔心就愈難解決：遇到悲傷的事情時，悲傷也會奪去心智。那是因為，在心靈深處產生了牽絆作用，使人將整個心思集中在這件事情上。

《般若心經》以「罣礙」一詞來表現這種牽絆。「罣」指捉魚用的網，「礙」則是阻礙之意；換言之，是指心中好像張著一張網，又好像被大石阻礙一樣。

或許有人認為只要不被擔心和悲傷淹沒心智就沒有問題了，但事實上這是不可能的。這也許就是人生在這個世上最大的悲哀。

當遇到擔心的事情時，任誰也無法將問題自腦海中揮去。結果徹夜無法成眠，

嚴重時甚至會導致神經衰弱。更重要的是，當因為擔心某事而心存芥蒂時，不知不覺地就會形成這種狀態。

所以，《般若心經》告訴我們，要捨去心的「芥蒂」。對於悲傷、痛苦的事，都應該坦然接受。這就是所謂的「心無罣礙」。

每個人都會遭遇悲苦，問題在於受創的心靈要如何處理創傷。

確立宗教心的人，一定會迅速站起來面對問題。至於一般人，則應該學著以「不在意」、「無芥蒂」的心態來面對事物。

人生不如意十常八九。正因為如此，人才會思考、努力，在錯誤中使自己成長。

英國的劇作家莎士比亞說：「人生是一程不安定的航海。」

幾經多次的迂迴曲折，而後始能走出自己的人生道路。當然也有必須面對洶湧波浪的時候。然而，既然是航海就注定會有浪濤的。害怕波浪，就沒有資格航海。

不怕波濤洶湧，就沒有突破穿越波濤的勇氣和決心。人生是沒有嘆息的空間，拿出勇氣，振奮氣力，克服困難才是生活之道。

11. 灰身滅智

起源於印度的佛教，經由二種不同的路線不斷地傳播開來。一種就是越過喜馬拉雅山傳到了中國，後來又經由朝鮮半島傳到日本的北傳佛教，亦稱大乘佛教。另外一種則是從印度傳到斯里藍卡、緬甸、泰國等地，稱為南傳佛教或小乘佛教。

說到北傳、南傳佛教，相信大家就能理解了。但是，說到小乘、大乘佛教，也許很多人無法立刻瞭解。

所謂「大乘」，指的就是大的乘坐工具，意思是希望一次能夠讓很多人乘坐一起到達佛的世界。至於「小乘」，則表示能夠乘坐的空間較小，因此不適合用來解救眾人。只是，這種說法只適用於弘揚大乘佛教。當然，南傳佛教不會說自己是「小乘」。

「灰身滅智」是南傳佛教的特色。身成灰，心已滅，對我們來說不就是「灰」

的狀態嗎？

如果用「花壇」來說明「灰身滅智」，那麼，就是屬於照顧得非常好的「花壇」。除了所種植的花朵完全一模一樣以外，「花壇」中當然也不會有任何雜草。

大乘佛教的人認為，這種「花壇」只會讓人覺得難過。既是種花，自然應該包括各種色彩才會美麗。不，應該說，具有不同色彩的人生才會有趣。在這種觀念之下，即使是「花壇」裡的雜草，看起來也非常美麗。

「灰身滅智」是佛教的理想境界，但不知各位讀者是認為有雜草才會使「花壇」更美麗？或是「花壇」裡不應該有雜草呢？

根據一般心理學家的意見，人類最普通的一種錯誤，便是容易走向極端！比方說：你以為有些事物可以因為樂觀和自信力而促進不少，於是你便以為這是至上的好方法，作為你的人生哲學惟一的嚮導了。或者，你以為一切的成就，都是因為熱烈的信仰、堅決、努力，那也是一種走極端的錯誤。

要知道現在的世界，不需要人們站在播音台上，催促著人向前奮鬥；而最最需要的，卻是那適當的友誼的引導，教人怎麼樣去開始嘗試。

12. 自業自得

當聽到「自業自得」這句話時，一般都會產生不好的印象。因為，這句話和「自作自受」是屬於同義詞。不過對照佛教的本來意義，這只是一知半解的瞭解而已。

佛教認為，不論是好事或壞事，責任全都在於自己。

眼前所得的結果，不論是好、是壞，原因都是由自己種下的。只是，如果得到的是好結果，一般人都會認為：「因為我努力，當然會得到好結果。」反之，如果結果不好，則會想：「不是我不好，是有人扯我後腿。」把責任推到他人身上，完全不認為是自己的責任。

在釋尊活躍的那個時代，也有很多這樣的人存在。對於這些人，釋尊會舉例向他們說明。

釋尊詢問眾人：「把石頭丟進湖中，然後祈禱石頭能浮上來。各位想想，石頭

真能浮上來嗎？」

眾人一致回答：「當然不會浮上來囉！」

「那麼，把油倒入湖中，再祈禱油會沈下去，情形又如何呢？」

「當然不會沈下去。」眾人回答。

如果把「自業自受」這句話換成「自作自受」，相信各位就能瞭解了。自己所作的事情，當然必須由自己來承受。不論結果好壞，都必須勇敢地承受。因為，不管是「浮在湖面或沈入湖底」，問題都在於自己本身，絕對不會受到他人的影響。

一直處於安逸狀態的人，和一直不斷努力奮鬥的人，兩者的差異，最後一定會顯現出來。

法國的皇帝拿破崙說：「社會只存在著二種力量，就是劍和精神。而結局總是，劍被精神打敗。」

人我之間有差異，其實就是人我所擁有的精神力有差異。在能警覺自己在落入人後時，正是鍛鍊精神力的最好時機。

13. 上求菩提

終其一生都沒有自己的寺院，號稱「宿無興道」的澤木興道（一八八〇—一九六五年）老師說話。

「一個人獨處時還不至於如此，但是在團體當中，卻會變得麻痺。人真是愚蠢哪！連好、壞都分不清楚，只會盲目地加入團體。有些人為了加入某個團體，甚至還要繳交大筆會費，然而所得的結果卻是使自己變得像個呆子一樣。」

有些宗教團體有時會在餐廳裡舉辦活動，當有人意氣風發地大喊：「我們是為了社會而努力」時，屬於這個團體的人也會盲目地高聲附和。

整個晚上都在喝酒、吵鬧，第二天早上卻仍然準時出席坐禪、早課的人，雖然不能誇獎他非常偉大，卻承認他「不錯」。的確，在鬧了一晚過後，第二天工作起來必然倍加辛苦。但因為他還是很努力地完成自己的工作，所以，認為他不錯。

其實，這些人只不過是體力比別人好而已。坦白說，帶著一身酒臭在那兒坐禪

的姿態，實在非常難看。甚至，有的人還會忍不住打起盹來呢？

這不正顯現出我們在團體的痲痺狀態嗎？

所謂「上求菩提　下化眾生」，向上尋求領悟，向下普渡眾生，這是菩薩的心願。

澤木老師主張：「我們不能遠離社會，抱持逃避的心理。但也必須防止這種痲痺狀態產生。而坐禪的目的，就是為了逃避置身團體所引起的痲痺狀態。」

宗教團體的活動若是忘記了坐禪，就不具有存在的意義。

雖然是跟著團體一起在那兒坐禪，但是坐著的只有自己而已。

拿破崙說：「我經常是活在思考二年後的事裡。」

一個沒有先見性或計劃性的人生，將會是一個老是受到牽制的人生。

隨時凝視事情的下一步，建立一個積極向前進取的意識是非常重要的。

在小心踏出每一個步伐的同時，一併注意下一步、下二步的未來，為自己開拓一條屬於自己的人生道路。

要成就大事，必須從小處著手。

14. 心頭滅卻

「心頭滅卻，火自涼。」

這是日本戰國時代，織田信長被燒死的惠林寺快川和尚的一句名言。

經常有人問：「坐禪得到領悟以後，是否真如快川和尚所說的那樣，能夠超越寒熱呢？而像快川和尚這種跳入火中的作法，究竟是屬於何種狀態呢？」

一般人看和尚，應該也和普通人沒有兩樣。即使是歷史上著名的禪師，也不例外。被誤以為是累積深厚修行的禪道高僧，當然值得暗自竊喜，但一旦被問及僧侶的絕對皈依問題，就不知該如何回答了。

跳進火中仍然能若無其事的人，應該不是禪僧，而是魔術師才對。

快川和尚的「火定三昧」，是快川和尚的禪世界。如果是一般人跳入火中，一定會熱得受不了。

不過，當人熱衷於某項事物時，往往會忘了寒暑。所以，真正值得注意的，是

能否專注於某項事物。

對事物是否熱衷，決定權在於自己。以禪僧而言，應該就是坐禪。萬一所熱衷的是反宗教、反社會的事物，該怎麼辦才好呢？很遺憾地，實在無計可施。所能做的，只有等待熱度冷卻、等待當事人的自覺成長而已。

所謂「心頭滅卻」，就是在智者的立場上竭盡所能，使自己達到最善。只要能夠做到最好，也就不會有任何悔恨了。

人不管做任何事情，只要心裏想著還有其他機會，那他就無法集中精神、全力以赴。心中一萌生馬虎的意念，自然不會有驚人的成果。

反過來說，如果這是唯一的機會，那面對著這個轉捩點似的機會，自然會產生勢在必得的勇氣與決心，而其成果也將是令人意外的。

英國的劇作家莎士比亞說：「即使是銅牆鐵壁，即使是密閉的土牢和堅硬的鐵鎖，就是無法擋住毅然的精神力。」

換句話說，不管環境是多麼地惡劣，只要有毅然的精神力，就可以突破化解。

15. 大活現成

趙州禪師詢問投子和尚：「死人活過來是在什麼時候？」

和尚回答：

「不要在夜裡到處走動。如果有事要做，最好趁天色還亮之前完成。」

在這段問答當中，「死人活過來」的意思是什麼呢？

禪認為所謂的「死」，就是斷絕一切妄執或思慮分別，亦即捨棄一切既成知識的狀態。沒有迷惘、沒有分別時，人類就會自覺到自己的心性，進而打開領悟之門。換言之，領悟就是「重生」。

趙州禪師所問問題的本意，就是「什麼時候能夠得到領悟？」而投子和尚的回答又是什麼意思呢？「夜裏走動」表示迷惘，「趁天色還亮」表示領悟。也就是說，當迷惘滅卻時，就能得到領悟。

用禪語來表示的話，就是「大死一番，大活現成」。

如果捨棄已成知識的狀態為「死」，則再次復活即所謂的「大活」。從死亡邊緣走一遭再重新活過來以後，單純的知識也會成為大知識。

據說只有曾經跌落谷底的人，才能重新站起來，成為堅強的人。「大活」也是一樣，必須先死一次，捨去執著以後才能達到此一境界。

所以，如果要徹底改變自己，首先必須捨棄執著於無聊事物的自己，從身邊事物學習「不執著」。

人格偉大的人，對於世間所謂成敗，不甚介意，災禍、失望，雖頻頻降臨，然而總能超過、克服它們，他從來不會失卻鎮靜。在暴風雨猛烈的襲擊中，在心靈脆弱的人唯有束手待斃的時候，他自信的精神，鎮定的氣概，仍然存在；故可以克服外界一切的境遇，免得加害於己。

沒有人能對任何事情，加以完全正確的判斷，但重要的是，以冷靜的態度，來思索自己的判斷是否正確，然後從中修正訓練自己的判斷能力。

偉大的事蹟是從小事著手的，而面對任何小事，仍不改謹慎的態度，作精確判斷的人，才足以稱為優秀，也是人生的勝利者。

16. 十界互具

每個人都具有兩種面貌。這兩種面貌，指的就是善與惡。俗語說：「外表如菩薩，內心如夜叉。」大意是外表看起來有如菩薩一般祥和、慈悲，然而內心卻恰巧相反，有如夜叉般陰狠毒辣。

在會議中侃侃而談，自信滿滿地陳述自己的意見，吸引住在座眾人目光的人，背地裡或許也有很多不平與牢騷。如果你懂得讀心術的話，或許你會大失所望也說不定。

各位，難道你不曾有過類似的經驗嗎？具有兩面性的人，並沒有任何特別之處。因為，我們或多或少都具有兩種不同的面貌。

佛教仔細觀察過兩面性以後，將其分為十個世界（十界）。所謂十界，包括六凡、四聖。

六凡：天，人，修羅，畜生，餓鬼，地獄。

四聖：聲聞，緣覺，菩薩，佛。

所謂「十界互具」，就是指六凡、四聖的世界都具備（具）了。簡單地說，就是在地獄世界中，也有其它九個世界存在。

在《蜘蛛絲》一書中，也提及惡人偶爾也會突起菩薩心腸解救小生命。孩提時代看到蜘蛛絲被弄斷而受到衝擊時，意味著善惡之心已經覺醒。

軟心腸的人，大概是富有情感，他們不容易感受到快樂，卻容易感受到悲哀；所以，他們是容易染上悲傷、憂慮、痛苦、沮喪、自譴……等精神病的。

最可憐的是有時候，他們將「好的情感」運用得不適當，或者是過分了點，便也變成了「有害無益」；比方是過分的慈悲憐憫，往往變成了優柔寡斷；過分的謙遜客氣，也可以變成了自貶身價等等。

每個人的心中既有菩薩心出現，也有地獄心出現。

證嚴上人說：「心境美，看什麼都美。」

希望你繼續和菩薩心打交道。

17. 和泥合水

曹洞宗將建立永平寺的道元禪師稱為「高祖」，將建立總持寺的瑩山禪師稱為「太祖」，兩位祖師合稱為「兩祖」，和佛教的開山始祖釋迦牟尼合稱「一佛兩祖」，都是宗門信仰的根據。

一宗怎麼會有兩個本山呢?也許各位會抱持疑問。曹洞宗如今能夠發展為大教團，瑩山禪師的確盡了很大的力量。

「和泥合水」是道元禪師所說的話，但是，這句話卻正好可以作為瑩山禪師一生的寫照。

這句話的意思是說，想要幫助別人時，如果自己不能被水打濕、被泥弄髒，就無法幫助他人。

瑩山禪師並未待在遠離人煙的山寺修行，而是在眾人生活的村鎮展開布教活動。為了救濟眾人，曾舉辦先祖供養及祈禱會。

在日本佛教史當中，鎌倉時代是從祈求一部落人平安的佛教，蛻變為希望更多人都能獲得幸福的佛教時代。在時代的洪流當中，瑩山禪師恪遵道元禪師的佛法。其具體行為，就是對眾人展開布教活動。

溺水的人向人求助。我們如果想要救他，就必須冒被水打濕、被泥沙弄髒的危險。

在某些情況下，甚至還可能賠上一條命。

瑩山禪師的布教活動，就好像把自己混入泥水中似地，飛撲到人群之中。那麼，他為什麼能這麼做呢？關鍵就在於道元禪師所說的「和泥合水」。

德國的思想家卡那達說：「能夠給每一個人精神支援的人，是人類最大的恩人。」

千萬不可以有差別式的對應態度。對於對方的煩惱要誠心地、仔細地聽取。有時一個人解決不了的問題，二個人一起研究，或許就可以找到解決的對策。

總之，要有能站在對方的立場來看事情，有體諒對方的心情。對有困難的人，不要吝惜伸出援助的手。

18. 不可思議

所謂「不可思議」，就是很神奇，壓根兒就沒想到的意思。與「奇蹟」非常類似，但是稍有不同。

佛教否定奇蹟的存在，卻認為有不可思議存在。兩者的結果看起來雷同，實際上卻全然不同。

遇到個性不合的上司，大家會怎麼去做呢？

下班以後，你會不會和同事一起去吃喝玩樂呢？或者你會編些理由告訴大家：「我不跟你們去了。」只因為你認為兩、三年後就會調升其他部門，所以不斷地忍耐著。

但不管你再怎麼努力，現狀始終未見好轉。況且，就算二、三年後果真如願調升其它部門，還是可能會遇到與你不合的上司啊！

因此，我們對於眼前的問題，一定要積極地尋求解決之道。

兩隻碗在一起，總有一隻會破。反之，碗如果是和棉花碰在一起，就不會破了。同理，自己必須徹底改變內心「討厭上司」的想法。亦即將其變換為即使發生碰撞，也不會破壞的材質。

或許你會想：「那麼我就設法改變上司吧！」但是想要改變他人的性格，幾乎是不可能的。問題還是在於心中。而人最能看清楚的，就是自己的內心深處。從最清楚的部分著手，才是迅速解決問題之道。

大部分的人都會向外尋求解決之道。結果反而使問題愈理愈亂。

首先，請仔細想想雙方不合的原因。並且設法找出對方的優點，努力試著去瞭解對方。自己主動敞開心扉，也是一個方法。

這種努力看在同事眼中，就成了「不可思議」。

為什麼我們的思想不能按理而行呢？那是因為我們完全脫離個人的感覺；不論什麼事，我們總是屬於那一方，那一團體，那一種成見。

我們如果要使平淡的生活變為有趣，那麼儘可以去相信什麼獨角獸與美人魚！到底甚麼是「迷信」和「知識」的界線，畢竟一時很難斷定的。

19. 不留竹聲

「風，吹過疏竹林。

風，過不留竹聲。」

這段話的大意是說，當風吹過竹林時，竹葉會颯颯作響。等到風停以後，聲音就完全停止了。

和竹子一樣，領悟的人會因某件事而心動，但是事情結束以後，立刻就能恢復平常心，不會一直執著於那件事情上。

領悟者和凡人一樣，心靈也會受到損傷，不同的是他們能夠很快地重新站起來。以在海上行走的船為例，當大浪湧來時，船可能會偏向右側，不過很快地它就會恢復平衡的狀態。

平凡人在遇到大浪時，會因腦海中一片混亂，而將體重置於已經向右傾斜的船的右側，結果使船傾斜得更加厲害。

只要秉持「不要太過執著」這個信念，就能緩和心靈所受到的傷害了。

那麼，「執著」到底是什麼呢？

在公司或學校裡遇到一些令人氣憤的事情，心裡一邊發著牢騷一邊回到家中，把怒氣發洩在家裡某個人身上。成為發洩對象的第三者在困惑之餘，當然也會十分生氣，於是又把氣發在另一個人身上。

如此一來，家裡怎麼可能還保有祥和的氣氛呢？

「不會一直執著」的人，遇到這種情形當然也會生氣，可是他會盡快撫平怒氣，不會把怒氣帶回家裡。

迅速生氣、迅速忘記，這即是對「執著」的最佳詮釋。

心境是很重要的關鍵。人在順境時，處事應該要細心謹慎，在逆境時則要積極大膽地行動。

英國的哲學家培根說：「順境時的美德是自制，逆境時的美德是不屈不撓。」

人誰都會有順逆境。而當人在逆境時，其想法和所表現出來的行動，就是人生勝負的關鍵。

20. 吾唯知足

調查農耕民族與狩獵民族所信奉的宗教，發現農耕民族多半篤信佛教、狩獵民族則多半篤信基督教。由此可知，農耕與狩獵都對各民族的文化產生影響。農耕民族非常勤勉，因為他們相信只要努力工作就一定會有更多的收穫。反之，狩獵民族的勞動與收穫往往不成正比。有時一整天都在山林中追尋獵物，卻不一定有收穫。但有時卻不費吹灰之力，獵物即不請自來。

屬於不同文化背景的兩個人在工廠工作時，生產力就會出現明顯的差距。認為勞動是人生責罰的人，看到坐辦公桌的白領階級，難免心生羨慕，希望自己有朝一日也能坐在辦公桌前工作。

然而，這麼勤勉的民族，為什麼會遭人口出惡言，指責是「自私主義者」呢？是不是我們將勤勉這個特性，朝錯誤的方向發揮呢？

物質生活豐裕的國人，對「吾唯知足」這句話的意思，一定要深入瞭解。

我們不能任由慾望無限制地膨脹。要讓心靈留有餘裕，存有「只要這些就夠了」的想法。

「吾唯知足」是釋尊所說的教誨。他說：「知足的人，心靈經常保持平靜；不知足的人，心靈隨時都是紊亂的。」

想要心靈平安，首先必須瞭解「吾唯知足」的道理。具體的作法，就是在心裡告訴自己：「已經吃飽了」「已經足夠了」。

以飲食為例，我們經常會想要吃得肚子飽飽、脹脹的。的確，當自己想要的東西在眼前堆積如山時，實在很難抗拒誘惑。

對於「吾唯知足」這句話，現代人多半很難瞭解其真諦。但也正因為它很難瞭解，所以一定要努力去瞭解。

英國有句名言說：「造成罪惡根源的並不是金錢本身，而是人對金錢的愛！」

沒有金錢的確是很令人困擾，可是對於金錢的慾望如果過分強烈，反而會更令人苦惱。因為它將會使人為了想要獲得金錢而不擇手段。

人對金錢應該不要太執著！

21. 安心立命

如果使用「安身」二字，則可以寫成「安身立命」。

安心指的是「領悟」，立命則是完成所給與的使命。兩句話合在一起，是指「領悟並完成使命」。

「生死中有佛則無生死，但瞭解生死即涅槃，故不應厭惡生死……」。（《修證義》第一節）

所謂生死，指的是從生到死為止，也就是我們的人生。不只是生死而已，生、老、病、死的痛苦，是任何人都無法避免的問題，也無法逃避。

面對這個問題時，我們應如何處理呢？

現代人會想要用金錢來彌補痛苦。對保險的關心度提高，就是最好的證明。但是每個人都知道，光靠錢並不能使自己真正安心。

金錢絕對主義的發想，根本無從獲得解答。

道元禪師曾言：「放棄生、放棄死，成為佛家一大事的因緣。」也就是說，自己同時是萬物，萬物同時是自己，面對生死問題時，不要徬徨，要一心不亂靠自己的力量去瞭解。這便是道元禪師所說的「放棄」，不過絕非捨棄的「放棄」。一旦放棄生死問題，才能真正「安心立命」，才能瞭解到光靠物質是無法保障安穩的。

人類潛意識中本有趨安避難的天性，但卻沒有任何人能擁有絕對平坦的人生旅程。也就是說，挫折本是無法避免的，假若一味地逃避困難，只有使自己永遠面臨著一連串無法克服的困難。

不要因害怕而自我逃避，本著不屈不撓的毅力，使自己在鍛鍊中求取進步。日本的蘭學家西周說：「人生有三寶，一是健康，二是知識，三是財富。」一個人如果身心都健康，則不論什麼事都可以去從事，其餘的，就只要看努力的多寡而定。

好好地利用健康這個財富，然後只要持續不斷地積極努力，則人生的第二寶和第三寶，自然而然地就會落到你的手中。

22. 少慾知足

人是生活的主人，主人能否快樂，端看其對生活的策劃是否合乎人性。很多人把生活看得太容易，那些終日死守牌桌的賭鬼和晃蕩鄉里、魚肉良民的流氓，他們都是社會的蠹魚。不但破壞了別人寧謐的生活，也作賤了自己的生活，這種卑劣的求生者，在社會扮演著醜陋的角色而不自知。

生活的樂趣是從心靈的安逸中獲得的，一個園丁從栽培植物中，獲得了快樂和安慰；一名熱愛科學研究的人，從化學實驗中取得他內心的滿足；而一位餵雞的老嫗，則從雞群的搶食中，感到生命的踏實……。

記錄釋尊說法的《遺教經》，有稱為「八大人覺」的教誨。所謂八大人覺，就是佛教徒應該自覺的八個項目。其內容如下：

一、少慾——不執著於事物，不求多。

二、知足——瞭解自我，滿足現狀。

三、樂寂靜──住在不會煩心的場所。

四、勤精進──致力於修行佛道不得怠惰。

五、不亡念──不忘佛法之志。

六、修禪定──一旦身心投入佛道，心靈就不會紊亂。

七、修智慧──培養觀察事物的眼光。

八、不戲論──擁有正確的思想。

年輕人對於成功的故事或成為大富翁，總是格外嚮往。問題是，現代社會裡的成功故事，重點似乎僅在於如何獲致財富而已，完全忽略了精神是否豐裕的問題。

年輕人說：「等我有錢以後，心境自然也變得優雅啦！」

釋尊則說：「光是有錢，並不能使人得到幸福。幸福的關鍵，在於是否瞭解少慾知足的道理。」

瞭解「少慾知足」道理的人，心靈平和。反之，「多慾不知足」的人，就算住在豪宅裡，也不會就此滿足。而且一旦與他人競爭，可能有連到手的東西都一併失去之虞。因此，別人的成功故事是屬於別人的，你應該努力去開創自己的故事。

23. 因緣時節

對於「己所不欲，勿施於人」這句話，各位瞭解到何種程度呢？對他人，你應否抱持憐憫之心呢？

年輕人可能認為不需要同情他人，但是，年長的人卻不會這麼想。為什麼年輕人會有這種想法呢？我們必須深入探討其原因。

在我們周遭，相信有很多人都認為，不論是工作或學習都是一種「緣」。年輕人則認為不論是工作或學習，都是靠自己的努力，而非拜他人之賜。換言之，他們不認為有「緣」的存在。

可是釋尊卻說：「一切都是因原因（因）與條件（緣）而生、滅。」就好像網目互相連結起來成為魚網一樣，一切事物都會互相關連。網目與其他網目結合在一起，可以織成一張網。反過來說，各個網目都有助於成為一張網。

提到這裡，就會令人想起目前極為流行的食物鏈、環境鏈」這種「鎖鏈」的關係。這是一種認為世界所有的生物，都是互相支撐而生存的觀念。

對於「鎖鏈」世界，禪僧只用一支筆以「圓相」來表示，他們的確具有過人的洞察力。

「要是跟著他做，大概就錯不了吧！」有些人認為只要跟在前輩的後面有樣學樣，人生就可以很順利地渡過。

可是，只是跟隨在別人的背後模仿，是不會有什麼成就可言的，自己的人生應該自己去開創。

英國的作家摩姆說：「買了一張車票卻坐上只是在軌道上行走的車子，這種人是不可能瞭解人生為何物的。」

擦乾額頭的汗珠，不厭勞苦地開拓自己的人生道路，才能找到人生的喜悅與價值。

不要老是想選擇安逸的道路。失敗或危險並不可怕，要鼓起勇氣以果敢的意識和行動面對各種挑戰。

24. 如是我聞

佛教經典始於「如是我聞」。根據佛傳，釋尊入滅之後，五百名弟子集結在馬卡達國的王舍城郊外，互相確認各自所聽到的釋尊的教誨。過去，弟子們都個別獲得釋尊教誨的機會，而今他們齊聚一堂，想要改正各自記憶的混亂和矛盾。

所謂「如是我聞」，是指「對於釋尊的教誨，我認為是這樣的」。以基督教的聖經而言，就是「主說」。

當你問孩子：「為什麼不能這麼做呢？」他們多半會回答：「老師說不可以」「媽媽說不可以」，而沒有說出最重要的原因是什麼。每一個孩子對大人的提醒，理解能力未必相同，所以才會有「我對父母或老師的提醒，是以這樣的方式來瞭解的」這種情形產生。

所謂「如是我聞」的精神，就是「我所聽到的是這樣的」，而這種解釋具有何種意義呢？

由於無法斷定「釋尊是這麼教的」，只好將主體委任給個人。為此，我們必須各自對釋尊的教誨實際進行檢討。

在這種情況下，每個人所捕捉到的佛教或許不同。但在經典上，卻確確實實寫著「如是我聞」，故而捕捉方式也會有所差異。

光是祈禱或利益，不能算是真正的佛教。和工作機械生產相同的東西不同，佛教不單只會產生同樣的東西（利益），所以當然會有差距。每個人都應該以自己能夠理解的方式來進行理解，這就是釋尊有意的對機說法。

人們中，往往都存在著自貶心理；在自貶心理狀態下，人們便不得不過著一種自暴自棄，自毀自滅的生活。

這種「自貶」心理，滲進了每個人的工作中、家庭中、娛樂中、社交中，甚至戀愛及兩性生活中；於是，使他們在處處地方感覺到「不如人」，這觀念一天一天的根深蒂固，一天一天由蔓延擴展，結果使許多人在「絕望」中將一切都拋棄了。

像這樣的悲劇，實在是儘可避免發生的。因為每一個人所具有的潛力，每一個人所具有的才能和富源，可以說是無窮無盡的。

25. 自然法爾

「自然法爾」是指於存在的自然狀態下得到真理的法則。

光是這麼說，或許各位還不太明白。現在我們就把這句話分開來逐一探討。

所謂「自然」，就是「不加諸任何外力，自己形成」的意思。這和一般所說的「自然」有何不同呢？根據字典的解釋，自然是「天然狀態，不加諸人力的事物之原本狀態」。它和佛教語的共通之處是「不加諸外力」，不同之處則在於「自己形成」。

至於「法爾」，乃是不採取任何作為，呈現原本姿態的意思。以「真理」一語為例，所謂「真理」，就是不論時代或價值改變，仍然必須持續下去的道理。時代改變時，想法當然也會跟著改變。

「道德」並非真理。道元禪師指示我們：「不必在意他人，法為法爾。」換言之，不管適不適合眾人，真理一定要能散發真理的光芒。具體地說，「自然法爾」

就是「維持原狀」或「不加諸任何渲染」。

對於自然，我們會以「自然保護」這種人類的體貼心理來對待。被關在動物園裡的獅子，固然不愁衣食；但是，不能在大自然中自由馳騁的獅子，還能算是獅子嗎？

人類為了保護瀕臨絕種的動物，於是把這些動物關進動物園裡，不料卻反而改變了牠們的本來面目。由此可見，「維持原狀」是非常重要的。

的確，人假若一直生活在溫暖的氣候中，就會忘卻陽光的可貴。相同的情形，不曾經歷人生的苦惱，及病痛的摧殘，也體會不出生命的可貴。

假設能堅定這種想法，那寒冷中的顫抖，及困境中的掙扎，就能以樂觀的心情，將它們視為成長過程中不可或缺的考驗。

希臘哲學家雷奇霍斯說：「沒有一件事是沒有理由的；凡事的生成都有其原因。」

凡事都應該把它看成是對自己影響重大的事，而全力以赴。只有一件事情被自己斷定是不必要的事，以後不必要的事將會接二連三地到來。

26. 空手還鄉

出國旅行的人，回來時行李通常都會加倍。仔細想想，所買的東西很多根本派不上用場。用買東西的錢再出國玩一趟，不是更好嗎？

這是國人從很早以前就養成的習性。每到一個地方，總要購買當地的土產帶回家做紀念。

回顧歷史，外國的東西確實加速了我國文化的進步。佛教當然也不例外。很多和尚從國外帶回大批佛像和經文。

日本道元禪師也曾經以留學僧的身分，遠赴中國修行。但是返國之際，他卻堅持「空手還鄉」，沒有攜帶任何土產，雙手空空地回國了。

這與道元禪師領悟的內容有關。禪的修行並非為了成佛而修行，是為了確認自己原本就具備的「佛性」而修行。換句話說，歸國的土產就是道元禪師自己，根本不需要再帶佛像或經文回來。

確認自己所具備的「佛性」，才是佛道修行的重點。

兒童教育的原點，也就在此。重要的是要引出孩子所具備的「尊貴性（佛性）」，至於成績或名次，則只不過是附加的土產罷了。

土產終歸是土產，不可能成為生活的基礎。只有自己，才能建立生活的基礎。

一個人如果老是執著於「身外之物」等外在的物質，那始終就是沒完沒了。不管到什麼時候，這種人都永遠不會滿足的。

羅馬的雄辯家奇伽洛說：「不奢望自己所有以外之物者，乃真富者。」

捨棄對物質的眷戀，捨棄私利私慾而尋找出對現狀的滿足感，這是必要的。

人生最重要的是，我做了什麼，而不應該是我得到了什麼，不是嗎？

人之所以成功，最重要的原因是，他們研究出自己獨特的奮鬥方式。而您完全學習別人的方法，只能獲得別人打了折扣的成績，永遠也無法突破。

但這是否意味著，我們不能從成功者的身上窺伺到努力的方向呢？不是的。這句話它只是指引我們，用心去體會，別人付出了何種代價而獲得成功。他們又是以什麼樣的態度和精神，來鞭策自己。

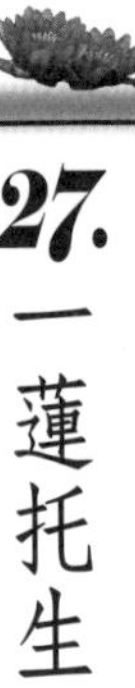

27. 一蓮托生

佛教所說的「一蓮托生」，是指希望在極樂淨土出生於同樣的蓮花上。蓮，不用說就是象徵佛教的花朵。藉著蓮能出污泥而不染的特性，比喻在充滿苦惱的生活當中，人只要堅持「出污泥而不染」的精神，就能得到領悟。

釋尊自出家以來，歷經了六年的苦行生活，後來在菩提樹下坐禪，一週即獲得領悟一事，想必各位都已耳熟能詳。然而在得到領悟以後，釋尊並未放棄坐禪。結果就這樣進入涅槃世界。所謂涅槃世界，是指人類心中燃燒的煩惱之火消失的狀態。亦即一般所謂「死」的狀態。

知道這件事的梵天請求釋尊：「請為我說法（真理）。」

可是釋尊的回答卻是：「梵天啊！我所領悟的法（真理）極其深遠難解，世人根本不可能瞭解。」

如果梵天就此放棄，也就不會有今日的佛教了。我們必須期待梵天說服釋尊。

「但是，就好像出污泥而不染的蓮花一樣，希望接受釋尊的教誨，使花朵盛開的人，仍然存在於這個世界。」

梵天鍥而不捨地說服，終於以這個例子感動了釋尊。

希望能再次生到這個蓮花之上，而且你和我不是在不同的花上，而是在同一朵花上。那麼，應該採取何種生活方式，才能產生這種人際關係呢？當然不可能立刻就找到答案。

可以確定的是，這不會像速食麵一樣，立刻就能完成。

得與失之間，相差幾何？沒有人知道。

不過，人總是患得患失地自尋煩惱，這世界能「不以物喜，不以己悲」的人畢竟屬於少數。

證嚴上人說：「心中有戒，所作所為就會心安理得。」

我們只要具有高尚的理想、正直的意志，要成功的決心，我們就隨時隨地可以得到助益。要是誇大自欺，不顧一切阻礙，受一定公式的欺騙，那就在在遭逢到成功的阻礙。

28. 如實知見

所謂「如實知見」，就是不要用「思考」的尺度來看事物，而要直接看事物的原態。

人類經常會用「思考」的先入為主觀念來捕捉對象。覺得自己的孩子比別人家的孩子更可愛、覺得自己的女朋友是最美的女人。就好像「情人眼裡出西施」一樣，即使他人不以為然，還是覺得自己心愛的人可愛。

在電視上，偶爾可以看到獅子捕食斑馬的畫面。獅子毫不留情地撕咬發出哀嚎的斑馬，口中沾滿鮮血，津津有味地吃著斑馬肉，真可說是殘酷至極的情景。

有人主張，一旦消滅了鹿的大敵，肉食動物如狼、美洲豹等，屬於草食動物的鹿就會大量繁殖。的確，在沒有生命威脅的情況下，鹿當然能安心地大量繁殖。對鹿而言，和平的時刻似乎已經到來，只是，這份和平能夠長久持續下去嗎？

鹿一旦繁殖過剩，將會把草原上的草木全部吃掉。飢餓的鹿群啃食樹木的嫩

芽，使得樹木無法生長。樹木無法成長將會導致食物短缺，結果使得鹿相繼餓死。這是沒有肉食動物的和平世界，將會招致悲慘下場的最佳例子。

而映入我們眼中的殘酷畫面，其實正代表一個草食動物與肉食動物共存共榮的世界。

問題是，要人們不執著於獅子或斑馬，而直接凝視牠們的原態，似乎是一件非常困難的事情。對於這點，想必各位也都深有同感。

釋尊幼少時參加春天的農耕祭，也會因自然輪迴感到心痛。這正是促使他決定出家的一大原因。但是，後來釋尊卻獲得一個結論，那就是「如實知見」，以事物的原態去看事物。

英國的政治家德斯雷利說：「人並非環境的創造物，而環境卻是人的創造物。」

如果你認為環境不好，那麼，就應該用自己的雙手來改善它。自己不努力尋求改善，只會發牢騷抱怨的人，才是最不應該的。

司克脫・華慕德說：「一個人成功與否，精神的態度比實際能力更重要。」

29. 世法不破

丹霞和尚曾經在某個寺廟借住。因為天氣太冷，於是燒木佛取暖。住持發現以後不禁大怒：「你為什麼把佛給燒了呢？」

這時丹霞和尚回答：「我打算把佛燒掉好取舍利子啊！」

住持立即反駁：「胡說！木佛中怎麼會有舍利子呢？」

丹霞和尚聞言若無其事地說道：「那這不只是普通的木頭嗎？」

對道元禪師有很深影響的榮西禪師，也有一段與丹霞和尚類似的故事。

相傳榮西禪師住在京都的建仁寺時，有位貧窮的男子前來求他：「我們家窮得沒有米煮飯，我和妻兒三人都快餓死了。請你救救我們吧！」

建仁寺本身也很窮，寺內並沒有什麼值錢的東西。榮西禪師想了想，打破了佛像背後的光圈送給對方。

這兩個故事都相當震人心弦。佛道修行有時會陷入一種過於偏重自我的狀態。

太過熱心的結果，是把自己封閉在一個小的世界當中。然而佛卻明白指出，世人痛苦時，僧侶也有相同的痛苦；世人悲傷時，僧侶也擁有同樣的悲傷。

丹霞和尚的燃燒木佛、榮西禪師的打碎佛像光圈，正是指示人們絕對不能脫離世間。

所謂「世法不破」，意思是佛教戒律固然應該遵守，卻不能使佛教成為與世間脫離的佛教。如果打破佛教的戒律能夠救濟眾人，那麼就毫不猶豫地去做，這亦是真正的佛心。

侷限在小世界中自己修行，無法真正瞭解佛教。真正重要的不是佛像，而是表現出來的教誨，以及接受這個教誨的佛心。

英國詩人魯米頓說：「人的心可創造出天國，也可以製造出地獄。」只要心意正確堅定，必定可以克服任何困難。人生的一切，就端看個人的心而定。

人是在嚐試中獲得經驗；在錯誤中求取教訓，在學習中期待進步；在失敗中尋找成功的啟示。

30. 三輪空寂

布施時，必須先保持三種東西（三輪）乾淨。三輪指的是：

①布施者的心。

②接受布施者的心。

③布施之物。

把偷盜來的金錢施捨給他人，不算是布施。此外，施捨者若是對方存有輕蔑或悲憐、憤怒之心，也不能算是布施。

接受布施的一方，也必須保有清淨之心。接受施捨之後，不可以對對方的恩義存有感激或報答之念。這種表現稱為「空寂」，意味著沒有任何芥蒂。

泰國寺廟都會接受信徒的供養。當信徒在眼前的食器內裝滿山珍海味時，和尚在吃之前，會接受經本、袈裟等施捨物，然後才開始吃起來。雖然用餐時也有人服務，但是泰國的和尚們卻堅持以自己的方式用餐。一般和尚吃過東西以後，都會向

施捨著道謝，然而泰國的和尚卻不這麼做。

接受信徒的供養告一段落後，和尚們會回到等候室去。或許你認為，接受信徒照顧的和尚，不是應該向信徒表示感謝嗎？為什麼這些泰國和尚居然堂而皇之地退場了呢？

其實他們所表現的，正是「三輪空寂」的世界。

而且供養並不是吃完飯就告結束，他們甚至連使用的食器、坐墊等也一併帶走，似乎這是一種理所當然的做法。

在任勞任怨之後，終會以自己獨特的方式，開闢出璀燦的人生道路，而後他們的行徑將受到世人的肯定與崇仰。這種道理，是微妙而難以詮釋的。

法國的作家蒙特魯蘭說：「成功地完成別人所蔑視的事情，是相當了不起的。因為，其中必先戰勝別人與自己。」

工作中絕對沒有徒勞無功。每件事都必須有人做。而自己能夠主動地率先而為才是了得。

不管他人的批評，只要堅持自己的信念，奮鬥到底就對了。

31. 行住坐臥

「行住坐臥」是指日常的生活起居，可以引申為日常的生活態度。

「禪心」不能脫離日常生活。同理，「行住坐臥」的禪，必須應用於日常生活中。

「佛教東漸」是大家耳熟能詳的一句話。佛教以印度為發祥地，其後經中國、朝鮮半島傳到日本。原本是一直往東傳，但因中間隔著廣大的太平洋，所以一般人都認為日本是終點。

佛教和文化的發展一樣，即使隔著廣大的空間，也會對相鄰的地區造成影響。根據這點，「佛教東漸」的真正意思，應該是指佛教也能傳到歐美等地。

有些外地人把頭髮剃光、披上袈裟、法衣，遠渡重洋來到禪本場修行。這些遠從異國而來的人士，對於坐禪的確非常用心。

可是當分派他們打掃境內時，他們卻會露出不可思議的表情。直接一點的，甚

至會大發牢騷，說自己是來學坐禪，不是來幫人打掃的。

事實上，「行住坐臥」這些日常起居，都是禪的修行。並不是只有坐禪時間才是坐禪，其它如吃飯、睡覺、打掃等也是坐禪。

一般人有時並不瞭解這一點，以為只有在休息的時候，才會做這些事情。「行住坐臥」所要教導我們的，就是「貫徹之心」。

《大學》一書中有句話說：「心不在焉，則視而不見，聽而不聞，食而不知其味。」

也就是說，人的心思要是已經被其他的事物所支配著時，即使有再好的話，還是一聽過了就會忘記。

人必須經常抱著希望，但是，只是持續著希望，並沒有任何用處。要達成希望必須努力。不論眼前有多少困難，也必須耐得住痛苦，決心克服困難，並且每天為著您的希望而努力不懈。

法國的警言家渥維那魯格說過：「忍耐是抱持希望的技術。」

希望會使人成長。但是，它必須有朝希望的達成而前進不懈的心志。

32. 切磋琢磨

雕刻角的人，會用小刀切（切）角或象牙，然後再用磋刀磨（磋）。雕刻玉的工匠，會用槌子敲打玉加以整形（琢），然後再用砥石磨光（磨），不久一塊美玉就完成了。這種需要花費工夫的工程，經常被用來比喻學問的提升或人格的培養。

道元禪師在《隨聞記》中曾說：「琢磨可使玉成器，歷練可使人成仁。所有的玉經過琢磨以後，都比原先更加光亮。不管是誰，都會比剛開始時更輕利。因此，所有的一切都需要琢磨、歷練。」

我們都知道，寶石不是一開始就閃閃發光的。原石必須篩選再經過琢磨，才能成長寶石。而琢磨原石，是一件相當費工夫的事情。年輕人對於要花工夫的事情，是最沒有耐心。為什麼呢？因為他們成長的環境，只教導他們如何避免花工夫。

想吃東西？速食品到處可以買到。只要等上三分鐘，就可以吃到香噴噴的麵了。如果速食麵要等十分鐘才能吃，恐怕就不會那麼風行了。

詢問一些學坐禪的年輕人對坐禪有什麼感想，他們一致表示很難忍受長達四十五～五十分鐘的坐禪時間。那麼，多少時間比較適合呢？他們回答大約十二～十三分鐘。

坐禪時間的長短，必須藉由訓練慢慢習慣。當然，一開始時會雙腳發麻，但除非每天接受訓練，否則身體永遠也不會習慣。要習慣，當然必須花點時間。也就是說，必須先「切磋琢磨」才能提升程度。

人一旦喪失了鬥志，逃避之心將油然而生，更不用說什麼堅持到底，貫徹始終了。而只急著為自己的放棄，找出搪塞的藉口。

但有一點諸位是否想過，人為何絕望？為何退縮？一切都源於當事者的惰性。

用最佳的心情開始一天的生活，才能創造充實的一日。

德國的神學家羅德說：「當夜晚就寢時，對隔天早上會有期待和喜悅的感覺的人，是幸福的。」

以感謝的心情來迎接每個新的一天，並以最佳的心情來開始每一天的生活，這樣才能創造充實的每一日，進而創造有意義的人生。

33. 多聞第一

觀賞電視上的益智問答節目，對於優勝者在各方面均具備如此豐富的知識，總是由衷地感到佩服。

現代社會要求具有豐富的知識。在學校，學生每天接受考試，為的是瞭解自己學到了多少知識。而大部分的人都認為，具有較多知識的就是「好孩子」。

等到開始工作以後，資訊取代了知識這個字眼。在競爭對手較多的情況下，就必須得到更多、更新的資訊，這是企業在生存競爭中保持不敗的重要因素。

有人認為「多聞第一」這句話，充分反映出現代世相，但事實真是如此嗎？

釋尊的弟子當中，也有被稱為「多聞第一」的人——阿難尊者。他在釋尊晚年的二十五年間，作為侍者為釋尊服務。所謂侍者，主要是幫忙釋尊處理身邊事務的工作。他聆聽釋尊最後的說法，在釋尊臨終時也陪在身旁。因為這個緣故，阿難聆聽釋尊說法的機會比任何人都多。稱他為「多聞」的「第一人」，其實並不為過。

但是，阿難在釋尊入滅時，據說仍未到達真正的領悟。

釋尊的說法聽得太多，有時也是一種悲劇。原來從釋尊那兒聽到的教誨太多，使得他的頭腦裡塞滿了東西，結果反而無法思考。

我們在日常生活當中，遇到頭腦塞滿了東西而發脹時，總會覺得很痛苦。因此，努力追求知識或比他人更早一步獲得資訊固然重要，卻必須適可而止。

釋尊弟子阿難的苦惱，值得我們深思。

英國詩人布萊克說：「早上思考、白天行動、傍晚用餐、晚上睡覺。」

當身體帶著睡意和疲勞時，即使再努力，都不可能想出什麼好構想。只會徒然增加疲勞的蓄積。

有事要思考時，前晚早點就寢而隔天早點起床，用清新的心情來迎接早晨的到來，然後再啟動你的思考看看，或許你將會想到更好的構想。

我們總是在無形中浪費生命，不懂得把握現在是一般人的通病。如果您能確認時光的流逝是無法挽回的，那自然就會鞭策自己，使日子過得更充實。

假若能將每個最好的今天累積下來，那麼人的生命，會是如何豐富而有意義。

34. 即心即佛

有人問馬祖道一和尚：「什麼是佛？」馬祖回答：「即心是佛」。而當另一個人提出相同的問題時，他卻用相反的話語回答道：「非心非佛」。到底那一個答案是正確的呢？

我們從結論先說，兩句話都是正確的。至少，只要坐禪就能瞭解這一點。不過，現在我們所處的，是一個不用理論加以說明，就無法取信於人的時代。

以科學的方式調查「坐禪中的心」，將各種機器帶進坐禪堂中，在和尚身上纏繞許多線圈以收集資料。值得注意的是，一般所謂的心是指心臟，而實驗人員卻將線圈套在頭上。似乎在科學的世界裡，心就是指頭。

配合資料指出「坐禪的心」就是「佛心」，只不過是科學世界解釋罷了。

以播放音樂或點燃薰香等方式來紓解壓力，在現今社會裡極為流行。可是，只要最重要的造成壓力的原因還在，就無法徹底解決煩惱。

《華嚴經》中有一節是這麼說的：「心佛及眾生，是三無差別」。意思是說心、佛與人類（眾生）三者之間，並沒有什麼差別。

如果直接把心解釋為佛，那麼科學世界所捕捉到的資料，指的就是「佛心」。

在無法用機器測定心的古代，馬祖道一和尚對資料主義者說「非心非佛」，而對輕佛者說「即心即佛」。

問題不在語言的解釋或資料，最重要的是要能飛入「佛心」。所以，不要想，只要實行。

許多人的失敗，還有一種缺點，就是缺乏忍耐力和缺乏持久的心。忍耐是成功的基礎，這是千真萬確的。一切事情在進行的時候，不達目的，決不停止。他的心好像是鐵石鑄成的，沒有什麼困難，可以使他動搖。他的全身，是由「勇敢」「堅忍」造成的。他永遠不氣餒、不灰心、不終止，除非他已得到了最後的勝利。

成功只有兩個條件：一個是堅決，一個是忍耐。

有堅決的意志，雖然他是一個平凡無能的人，也可以獲得成功的；否則，你雖然具備卓絕的天才，也將遭遇失敗。

35. 直心道場

小祥自幼被父母拋棄，流落到一間鄉下寺廟中。在寺廟中成長的他，很喜歡寺廟的生活，也學會了經文，很喜歡打掃。

由於在出生過程中出了一點問題，小祥對於數字的概念只能到十為止。在學校裡接受特殊教育的小祥，非但不曾因此感到自卑，反而過得比誰都快樂。在學校裡的開朗表現，為他贏得了很多友誼。

有一天，他和寺裡的方丈立下約定。因為已經升上國中，所以他決定做一些對大家有益的事情。幾經思考以後，他選擇打掃學校廁所這項工作。在寺院生活中早已習慣掃除的他，認為掃廁所也是一種積功德的做法。多年來他一直抱持著這樣的心願：「等我頭腦變聰明以後，就能見到親生母親了。」

於是利用放學後等巴士的空檔，他每天都會自動清掃廁所，即使是寒冷的嚴冬也不例外。學校的廁所既髒且臭，但是小祥卻持續三年如一日，在就讀國中期間每

天把廁所打掃得非常乾淨。

聽到這段故事，令人感動得流淚不止。

所謂「直心道場」，就是與其講一些大道理，還不如保有純樸之心，這樣才能看見真理。

談到「道場」，很自然地就會想到坐禪的禪寺，事實上禪世界並不僅止於道場而已。只要像小祥一樣，下定決心「要好好地做」，不論何時何地都能形成道場。

面臨著一件不知能否做到的事，應該抱著可以做到的信心，盡力而為。

瑞士的學者亞米耶魯說：「為人造福是最真確的幸福。」

以為人造福為自己的最樂，並率先付諸於行動。周圍的每個人都得到幸福而讓你笑口常開時，幸福也就一定會降臨。

每一種工作都蘊藏著不盡的樂趣，只是有些人不知如何去發現它們而已。

掌握人們行為的方向，就是所謂的判斷力。而它就像輪船上的指南針，隨時測定航向，不致迷航。

假若我們能經常回顧，時時反省自己的行為，那就不致於迷失方向。

36. 奚仲造車

中國古代的奚仲，是一位造車名人，這裡所說的車，並不是現在的汽車，而是大八車。在古裝戲裡面，偶爾還可以看到這種車子。

當車子去掉車輪、車軸以後，究竟能看到些什麼呢?這是一個禪問答的問題。

從片面的角度來看，車子去掉車軸以後，人們會認為那是別的東西。

但是，就算去掉了車輪和車軸，車子仍然是車子。

比方說，從自己身上切除手腳以後，難道你就不再是自己了嗎?雖然外觀上有所改變，但你還是你自己，不可能成為其他物體或他人。

同理，不管是生病或健康的時候，自己還是自己。不同的是，因病住院時，就把它當作人生休息的時候，乖乖地躺著療養。不幸一輩子病魔纏身的人，就只好休息一輩子了。

總之，不管處於何種環境、何種形態下，都不能欺騙自己，一定要正視真實的

自我。

在我們周圍，有很多拘泥於頭銜、愛慕虛榮的人。對這些人來說，一旦喪失了頭銜或虛榮，就等於世界末日一般。

儘管我們一再呼籲社會改正偏重學歷的風氣，然而情況不僅沒有改善，反而還變本加厲，變得更為嚴重。每個孩子都是從幼兒時期就被推上起跑點，準備進行一次漫長的賽跑。

必須有人挺身而出，大聲告訴整個社會這種現象是不對的。可惜的是，很多人都認為這是青年僧侶應負的責任。畢竟，社會這道牆還是太厚了。

有些人則將佛教和禪的教誨視為人生的即效藥，急切地想要向這些教誨尋求救助。這種想法基本上是不對的。

一定要瞭解「奚仲造車」的道理，確確實實看清楚自己。

每個人都應對自己作客觀的評價，冷靜地分析；不僅衡量自己的能力，更要相信自己的能力，而面對自己的缺點作適當的彌補；在建立了信心之後，將會感到自己的行為都很踏實。

37. 一水四見

意思是說，同樣是水，有時也會因立場不同而出現四種不同的看法。

看到「水」時，凡人只會將它視為普通的水，天人則將它視為用寶石裝飾的池。魚則認為是自己的棲息處所，沒有水就無法生存。而在地獄受苦的餓鬼，則將其視為膿血。

「水」的姿態，其實並沒有改變，但因為圍繞在我們周圍的事物立場改變，是以看法也改變了。一般來說，當擁有無數的立場時，就會有無數的不同看法。

汽車對現代生活而言是必需品，一個家庭裡擁有一、二輛車，早已是司空見慣之事。但在不久以前，汽車仍是有錢人的象徵。等到大家都有能力買車以後，有錢人便轉而購買高級車。等到高級車普及以後，又會轉而購買更高級的車。由此可知，隨著時代潮流的演變，價值判斷也會改變。

即使是在同一時代，看法也會改變。習慣開車上班的人，沒有車就好像沒有腳

一樣。而從事汽車相關行業的人，則把車子視為「吃飯的傢伙」。對暴走族而言，車子則是他們追求快樂的工具。

到底那一種立場的看法才是正確的呢？我們不作結論。但必須提醒各位的是，也許你會認為自己的看法正確而高談闊論，事實上你所有的，也只不過單方面的看法而已。

那麼，我們應該採取什麼樣的行動較好呢？

道元禪師言：「想過三次之後再說。」也就是想了三次以後，覺得三次都是對的再去實行。一旦說錯了話或已經展現行動，即使後悔也無法挽回，因此，在行動之前一定要格外慎重。

從這裡也可看出，二次、三次的自問自答非常重要。

美國的汽車大王福特說：「錢財是可遇而不可求的東西。」

賺錢也是一樣。不要老是考慮眼前的得失，做事情時應該全力以赴，持續地努力，默默地耕耘下去，這樣，錢財自然就會隨後而來。

凡事要以有失必有得的精神，持續地努力做下去。

38. 上求菩提

出自「上求菩提，下化眾生」一語，意思是說：「隨時不忘朝上的向上心，也不忘朝下救濟眾人。」

這是菩薩精神的表現。菩薩完全具備了成佛的資格，但是，他卻沒有進入佛的世界，而選擇停留在人的世界，全心全力地救助我們的心。

他活躍在與我等相同的世界，因而獲得眾人的愛戴。

菩薩是指「觀音」「地藏」等和人類非常親近的佛。既是身邊的佛，自然也是人類生活的目標。

然而在現實社會裡，卻有很多人過著完全相反的生活方式。例如，很多上司都喜歡以高高在上的態度命令屬下作事。

年輕時，或許你曾經對同事說：「是我，才不會用這種態度對待部屬。」孰料等你晉升為管理階層以後，卻忘了當年所說的話，成為自己當年最討厭的那種人。

至於那些仍然保有青春之心的人，在公司裡恐怕就很難出人頭地了。

在這個現實的社會中，已有了不是吃人，就是被吃掉的傾向，這種情形也造成了只需人才，卻不願訓練人才的制度。

在現實混沌的世界中，菩薩一直從事著救人的工作。佛教信徒也以此為目標，在菩薩面前合掌膜拜。

問題是，人有時並不能按照自己的理想生存。話雖如此，還是必須努力朝著「理想」一步一步前進。或許最後仍然無法達到自己的理想，但是就算達不到也無妨，只要朝著目標不斷前進，就會領略到尊貴。

對於朝著理想不斷前進的人，佛教稱之為菩薩。

希臘哲人伊比賢托斯（斯多亞學派）說：「人之一生是一場戰役，而且是一場多災多難的長期戰役。」

既然生而為人，誰也不能退出這場人生的競技場，而且必須要繼續戰鬥下去。誠然，我們並不需要去在意別人的事情，但也不可以不去理會要跟自己戰鬥的事。重要的就是要燃起人生的鬥志。

39. 隻手音聲

一般人認為，禪問答就是不明所以的問答。以趣味問答為例，問答之間必須緊密地結合、環環相扣，才能夠引人發笑。而我們的問答，通常也是互相緊密結合的。只有禪問答，有時會脫離這種緊密結合度。

在修行道場，進行小和尚向老師詢問禪境界的修行。大批雲遊生聚集在本堂內，開始向老師提問。

這時，一位前輩告訴新來的小和尚要大聲發問。於是在眾人的注視下，小和尚大聲地向老師提出詢問。結果老師對他說：「你的聲音太大了，我根本聽不清楚你的問題。再說一次吧！」

這位新來的小和尚只說了一句：「謝謝你的回答。」就退下了。乍聽之下，小和尚根本就是答非所問。因為這個緣故，後來他便成了前輩們取笑的對象。

就在這時，老師問大家一個問題：「兩個巴掌拍得響，一個巴掌有什麼聲音

呢？」這就是著名的白隱和尚所提的問題。

兩手互拍當然會有聲音；那麼，只有一隻手又會發出什麼聲音呢？

如果兩手互拍會發出「砰」的聲音，那麼一隻手的聲音是「波」，或者是根本沒有聲音呢？一旦你這麼想時，就已經喪失了回答的資格。因為，禪問答若是侷限於一般常識或固定觀念，便無法找出正確的答案。

那麼，我們的固定觀念又是什麼呢？有人認為物質（金錢）不虞匱乏就是幸福，但這真的就是我們的生活模式嗎？首先必須瞭解的是，幸或不幸純粹在心靈感受。一旦瞭解這點，自然就能聽見一隻手的聲音了……。

各位，你認為一隻手的聲音是什麼聲音呢？

不論是那一個人，在世做人的真正試驗，是要看他所認為輕重的標準是什麼？要是我們能夠認清什麼是重要，什麼是不重要的，那麼，我們便可以踏上精神安適的坦途了。無論對於人、對於事，能有一種正確的眼光，那才是真正的重要。

如果您能多花點心思，常想到對方缺少什麼，需要什麼……，這些雖然都是小地方，卻是面面俱到的前提。

40. 真實人體

「真實人體」一詞出自「盡十方界，真實人體」這句話。「盡十方界」指的是廣大無邊的宇宙。而「盡十方界，真實人體」的意思，是指宇宙的真實為人體，宇宙一旦在人體以外，就沒有任何意義了。換句話說，我們在宇宙間呼吸、在宇宙間生存。對於宇宙，我們的前輩稱為「天地一杯」。

「吃來自天地一杯的食物，
喝來自天地一杯的水，
呼吸來自天地一杯的空氣，
以來自天地一杯的生命活著，
受天地一杯的絕對引力吸引，
如天地一杯般地澄淨，
天地一杯是我的歸處。」

剛開始坐禪時，會湧現腳痛、極度渴睡等等雜念，但是在超越這個階段以後，就會感覺到自己是「活著」的。

此外，也有人感覺像小鳥婉轉鳴叫，也有人覺得像小河潺潺的流水聲。

「這個世界上有三群人。其一是吃東西、說話，生存於現實世界的一群人。其二是肉眼看不到的，但是曾經生存過的祖先一群。其三是即將出生的人類的子孫一群。事實上，世界就是由此而成立的。」某部小說曾經這麼描述道。

當我們「活著」時，我們正在過「活著時有限的生活」。有過去、也有現在，而現在與未來相連。當我們自覺到這一點時，不就會產生一種「自己現在正活著」的感覺嗎？

拿破崙在跨越阿魯布斯山脈時，說了這麼一句話：「阿魯布斯何能擋我耶。」在做任何事之際，一定要有這般堅強的意志才行。

世上可信賴的只有自己。應該抱著一定達成目標的強烈意志，發揮自己所有的能力。

讓我們好好地活在天地間吧！

41. 香薰燒自

釋尊入滅、舉行火葬時，所使用的是白檀木。換言之，釋尊是在芳香氣味的包圍下火葬的。

在佛前供奉抹香或線香，原因即在於此。

香具有使心情放鬆的效用。因其能使身心保持平靜，所以，大量應用於沐浴劑及使房間保持清香的芳香劑。

「香味」並非突然流行起來，由自古以來人們就有焚香木使其味道飄散的作法，可見香道早已存在。香道有所謂的「聞香」，也就是運用全部感覺來聞香氣，使心情放鬆，進而恢復平靜。

香對人類而言是有益的物品。不過，釋尊曾說：

「人類燃燒慾望之火，追求奢華、名譽。其姿態就如同薰香燃燒自己直至消失一樣。」

貪求名譽、財富、色香的作法，宛如孩童舔舐塗在刀刃上的蜂蜜一般。在品嚐甜味之餘，也必須冒著割斷舌頭的危險。

釋尊以香木來比喻人類的慾望。其用意在告誡人們，追求名譽和財富的慾望要適可而止，否則反而會傷害自己。從另一個角度來看，人太過於努力鑽研佛道，未嘗不是慾望太深的表現。

對於人生，前輩給我們的教訓是：「豪華的東西一定會磨損自身。」

德國的詩人里葉凱德說：「心理是超精神的東西。因為即使精神像花的香一樣會消失：心則像花的根一樣永遠留在土壤之中。」

精神是會進進出出的東西。而在其進出更迭之間，人亦隨之而成長。因此最要緊的是，要去多接觸吸收外界新鮮的事物，讓自己改變成最具有時代感覺的人。

有些人常埋怨，不管做任何事都不順利，實際上乃因自己本身意志薄弱、渾渾噩噩，並且目標不堅定，而常見異思遷。

這種做事不訂計畫，更別提按照計畫了。見到一件新奇的事物，就隨著自己的興緻去做的人，是難以成功的。畢竟人生是門很深的學問。

42. 不酤酒戒

佛教五戒當中，有不得飲酒這條戒律。東南亞的佛教徒，至今仍然嚴格遵守這項規定。不過，熱帶地區的居民原本就沒有喝酒的習慣。就算只是少量飲酒，也會因暑熱而容易醉倒，所以，酒被視為縮短生命的死水，人人對它敬而遠之。

而在許多冬天酷寒的地區，即使是佛教國家，「不酤酒戒」這條戒律也早已有名無實了。僧侶們公然暢飲稱為「般若湯」的酒，絲毫不認為這是犯戒的行為。的確，如果能夠快快樂樂地喝酒，酒堪稱為人生的潤滑油。

不過，各位別忘了《法華經》中說：「一杯是人喝酒，兩杯是酒喝酒，三杯是酒喝人。」

除了喝酒以外，吸菸也是一個非常嚴重的問題。釋尊並未禁止抽菸，因而有些和尚會以此為由，認為抽菸並沒有什麼不對。殊不知在釋尊那個時代，根本沒有抽菸的習慣。當然，問題的癥結，並不在於菸酒本身的罪過。

這就好像刀子一樣。依用途不同，有時它是解救病人性命的手術刀，有時則是強盜用來殺人的利器。不論是手術刀或殺人的利器，刀子還是刀子。如果認定刀子是殺人工具而完全禁止使用，那麼外科醫生恐怕就要徒呼負負了。

其實，罪過並不在於刀子本身，而在於使用刀子的人類心態。

既然責任是在人類身上，處理時就必須格外慎重。除非有絕對的自信，最好不要把刀子帶在身邊。

想要戒菸、戒酒時，如果心裡想著：「絕對不可以喝酒。」則必敗無疑。因為你會不自覺地陷入自我嫌惡的狀態中。

退一步想：「還是不要喝較好。」反而容易成功。當你這麼想時，即使偶爾表現較差，也不會過於責怪自己。

美國詩人霍曼說：「惟有曾歷經過冰霜者，惟感陽光之溫暖；惟有受困過人生苦惱者，惟知生命之尊貴。」

支配自己的命運全靠自己的心，而自己的心，則全由自己掌握，此外別無他法。各位想必可以明白自己的命運應該由自己負責、自己支配的道理。

43. 柳綠花紅

一如文字所示，柳樹看起來是綠色的，花是紅色的，這是理所當然的事情。對理所當然的事以其原態加以捕捉，即為禪的世界。問題在於，有時候我們並不能維持原狀來捕捉。

對失去孩子的父母而言，要承認這種「維持原狀的人生」，是很悲慘的事情。這種白髮人送黑髮人的辛酸，只有曾經失去子女的父母才能夠體會。

失去孩子的父母抱著屍體，拚命地向釋尊請求，希望能救回孩子一命。不論是釋尊在世前的當時或現在，我相信父母的心情都是一樣的。

釋尊告訴他：「能夠救回孩子的藥，只有白罌粟。你到城鎮裡去找吧！不過，你必須到家中從來沒有死過人的人家去求取。」

父母一聽只要找到白罌粟就能救回孩子，於是很高興地跑到鎮上，挨家挨戶的問，卻怎麼也找不到符合釋尊條件的人家。

疲憊不堪的父母，又回到釋尊座前。釋尊訓誡他們：「每一個活著的人都會死去，誰也不能違反這個道理。」

這對父母終於察覺到自己的愚昧，為了供養孩子，乃決定皈依佛門。

在捕捉現實世界的過程中，經常會遭遇許多很辛苦或很痛苦的情形。既然無法逃脫痛苦或辛苦，只好勇敢地面對這些問題。

大自然也在拚命地表現各種自然原態，這就是「柳綠花紅」。當遭遇辛酸或悲傷的事情時，只要對大自然強大的力量感到感動就夠了。

真正的「社交藝術」基本研究，宗教不是抽象的信仰，卻是人類彼此的交誼；是對於正在陶鑄中的個性觀念；是快樂要獲得它時，先要將它授與別人，也就是，想得到什麼，就得先付出什麼。

證嚴上人說：「為生活而工作很痛苦，為工作而生活很快樂。」

假使我們能時常體諒別人，向著這個目標努力的結果，不論是對於我們本身，或是對於全社會，一定是很驚人的。不僅我們個人的個性，就是我們國家的個性也可以因此將水準大大的提高，使快樂也隨之增加。

44. 眼橫鼻直

日本道元禪師在遇到自己的師父以前，非常辛苦。那是因為他對任何事都以嚴肅的態度去面對的緣故。換成我們，或許會想這樣就可以了，抱持半途而廢的妥協心態。然而道元禪師為了遇見自己的師父，不惜遠赴中國。

來到中國以後，道元禪師並未立刻遇到師父。他走遍了各處道場，就在幾乎要放棄的時候，遇見了如淨禪師。

如果不是遇見如淨禪師，也許他根本不會想到要去佛教的發祥地印度。

所以，能夠遇見如淨禪師這樣的師父，可想而知他的內心一定非常喜悅。

道元禪師就在如淨的身邊，傾注全身全靈進入修行，最後得到領悟。

在中國的修行結束之後，道元禪師返回日本。回國後的第一聲，就是「眼橫鼻直」。

正如字面意義所示，眼睛是橫擺的，鼻子是直豎的。乍看之下這似乎是理所當

然的事，但也正因為它理所當然，所以更值得深入探究。

對常識而心不安並產生疑問，於是開始修行，且到了最後會自覺一切是空，甚至連空也沒有了。然而回到這個地方來看，會知道原來眼是橫的，鼻是直的，如此想心也就會安了。

很多人都認為佛教和禪是非常特別的東西，但事實並非如此。最重要的是要站穩腳跟，在日常生活中認真修行，這樣才能開闢成佛之道。

換個方式來說，舉凡吃飯、洗澡、打掃等，都是禪的修行。

如果每個人都能以認真的態度面對日常生活，那麼寄宿在其身上的佛種，就會萌芽、開花結果。反之，不播種的人，當然不可能會有收穫。

格利說：「一個人如果覺得工作快樂，人生就像是樂園，如果他把工作視為一種義務，那人生就猶如地獄般的痛苦。」

一個人，如果已經審查過自己，你已知道對於某一種事業，有努力、才能、體力、擔負的本領，同時也適合自己的興趣。那麼，你可以不必猶豫了，也不必再去找尋更好的事情；你應該立即抱定宗旨，下決心，盡全力去做那件事。

45. 枯木寒巖

古代有位和尚過著如聖者般清苦生活。這位和尚不單道心堅定，而且學識淵博，修行態度也相當正確。

一位老婆婆非常欣賞這位和尚。老婆婆為了他經常捐錢給寺廟，還供養他每天的飲食，二十年不曾間斷。

有一天，老婆婆覺得「已經可以了」，於是找來一名絕色美女，想要考驗這位和尚的人品。

面對美女的誘惑，和尚表示：「枯木寒巖、三冬無暖氣。」意思是說就和矗立在斷崖絕壁的枯木，在長達三個月的嚴冬裡都不會有暖氣一樣，我的心已經領悟，絕對不會為誘惑所動。

看來，累積修行的人的確與眾不同。奇怪的是，老婆婆聽完美女的報告後，似乎並不這麼認為：「我花了二十年的時間，所供養的就是這種俗物嗎？」隨即把和

尚趕出了寺廟。而且她並不以此為滿足，乾脆一把火把寺廟給燒了。

這就是「婆子燒庵」的故事。

所謂「枯木寒巖」，即指沒有一切煩惱的狀態。

如果這個狀態是人生的最終目的，那麼，佛教就不必接受人們的皈依了。

那麼，和尚若是接受美女的誘惑，結果是不是就不同了呢？不，和尚若是接受誘惑，一樣會被趕出寺廟。既然如此，和尚究竟應該怎麼做呢？只好請大家自己去找答案了。

常有人說，要實行一個偉大的計畫，急驚風比慢郎中來得容易成功。的確，沒有積極實行意志的人，是不可能獲得成功的機會。但不懂得自我檢討，細心策畫，就貿然行事的人，卻常會遭到功虧一簣的噩運。

法國的作家羅蘭說：「英雄也不過是做了他自己所能夠做的事而已；可是，凡人卻都是不去做自己能力內的事，而專門熱衷於自己根本下可能做好的事。」

把用自己的能力就可以達成的每一件事，確實地完成，並不斷地累積其成果，最後自然會達到更高一層的目標。

46. 身心脫落

道元禪師曾跟隨宋朝天童山的如淨禪師修行。如淨禪師對修行要求極為嚴格。有一天，道元禪師正在坐禪堂裡坐禪，坐在他隔壁的一名和尚卻開始打起盹來了。如淨禪師脫下自己的鞋子去打那名和尚。

「參禪應該一切都從身心脫落，你怎麼可以打盹呢？」

雖然這番話不是對道元禪師所說的，但是，聽到這番話的道元禪師，卻大徹大悟了。

所謂「身心脫落」，簡單地說就是精神（心）和肉體（身）全部滅卻，一心埋首於一件事情當中。以坐禪為例，就是在坐禪的時候，只埋首於坐禪中，不可以存有利用坐禪鍛鍊心或獲得任何利益的想法。

環顧我們四周，不是很多人都是在勉強工作或勉強學習的嗎？有些工作場所以提高效率為由，播放B・G・M。不過從佛教的立場來看，這樣做真能提高效率

嗎？實在令人懷疑。假若非要有音樂才能工作或學習，那麼一旦沒有了音樂，又該怎麼辦才好呢？

B・G・M與效率的關係，是否讓我們產生很大的錯覺呢？

道元禪師曾說：「學習佛道就是學習自己。」在「身心脫落」的世界裡，我們所執著的「效率」問題，早已煙消雲散。形成一個無我的狀態，形成一個超越自我的絕對（自己的佛性）世界。

心理學家怎樣告訴我們呢？豐富的精力並不是值得希罕的，我們每個人差不多都具有偉大的精力泉源，不過，我們大多不知道怎樣去發揮那蘊積著的全部精力而已！——歷史上的偉人們，他們雖然利用了全力去應付一切，但也並不見得是如何的精疲力盡。

普通人在習慣上，只是利用他們實在所有力量的一部份，從這點差異上，使我們明白了一個人的成敗利鈍的關鍵了。

假如你能全心全意的努力工作，你就不會再覺得疲乏了！假使你能用盡每一滴的精力，你也就不會再疲乏了！

48. 快馬一鞭

電視上的新聞報導可謂花樣繁多。每天對記者能夠收集到這麼多事件、事故的資料，就感到讚嘆不已。除了國內的重大事件會立即實況轉播以外，對於發生在世界各地的重要大事，也會透過各種管道報導給國內民眾知道。這點，就足以印證「天涯若比鄰」這句話所言不差。

世界各地的金融資訊，也成為新聞報導的主題，人們茶餘飯後談論的焦點。不過，這種瞬間就能掌握最新金融資訊的現象，對人類究竟有何幫助呢？令人懷疑。因為真正需要早點獲得資訊的人，恐怕早已透過自己獨特的資訊網而得到資訊了。

我們所聽到的資訊，只能朝水平方向擴展。如今幾乎已經包圍了整個地球。如果比較來自水平方向的資訊和自己往下挖掘的垂直方向資訊量，會發現兩者之間存在著很大的差距。

坐禪就是向下挖掘自己的作業。是垂直方向的資訊收集。處於容易在水平方向

資訊的洪流中迷失自己的現代，應該大力推展坐禪。

所謂「快人快語、快馬一鞭」，好馬只要給牠一鞭，就會跑得飛快。同理，聰明的人，別人只要稍加提點，立刻就能瞭解真理。

問題在於是具有能夠聆聽他人忠告的耳朵？為什麼會沒有能聆聽忠告的耳朵呢？原因就在於無法確立自我。

人有喜歡附和他人意見的傾向。

道元禪師有言：「學佛道者，不可說等到日後再修行。」因為當你說「日後再修行」這句話時，時間正從你的指縫悄悄流失。

德國的作家鮑威爾說：「人生好比一本書，愚者只是不經意地翻翻了事，賢者則會聚精會神地研讀。」

生活最重要的是，把握住每一分一秒，盡力而為。千萬別以為人生漫長，而就可以隨意忽視一日的時光。

今天要怎麼過？今天應該要做些什麼事？在要迎接即將來臨的每天，心中應該要有計劃，並積極地付諸行動實行，讓人生的每一天都過得無怨無悔。

49. 色即是空

這是在《般若心經》中，很有名的一句話。

也許各位從字面上，感覺到色情只是一片空虛。這就是色即是空的意思。

羅馬的哲學家曾說：「性行為後的一切都是空虛的。」這並非「色即是空」的意思。

這部《般若心經》，是《西遊記》中的三藏法師，亦即玄奘大師，翻譯的佛經中最普及的一本。

根據玄奘大師所譯開頭部分的解說如下：

「觀自在菩薩（觀音菩薩）正在行波羅蜜時，發覺形成我們身心的五種要素（五蘊）都是空。因此，才能將一切的痛苦和災難，全部加以排除。

舍利子啊！色與空是相同的，而空與色也是相同的。色即是空，空即是色。（不僅色即是空），連受、想、行、識亦是空。

舍利子啊！諸項都是以空為特徵，不生也不滅……。」

色蘊是意味著身體和肉體。對個人而言，自己的肉體是相當重要的。

若因為是自己的身體或肉體，而加以執著，那麼必然是造成最大痛苦的原因。

「我執」這話，令人想予以排斥，而卻又陷入我執的狀態，使心中無法安詳。

雖然這麼說，但這都是無法否定的事實，因為我們生存在此，自己的肉身也會在這裡。

然而，若能領悟到自己的肉體並無本性，只是空的，那麼，自然能以擺脫我執的眼光，來看自己的肉身。

觀看後的結果又如何呢？它可以看到真正的肉體，並不是會變成透明人，也不是肉體會消失。

「空」並不是「無」。佛教以外的人，把「空」視為「無」，而指說在佛教的立場，這世界什麼都沒有。可是，此舉大錯特錯。「空」是一切事物並沒有可加以分別執著的本性之意。

證嚴上人說：「人生多欲為苦，多欲不僅帶來煩惱，並且使惡業增長。」

50. 空即是色

這句話出自《般若心經》中的一節。般若心經全文不過二百六十二字，但是每一個字都蘊含著佛教的真髓。

坊間解說《般若心經》的書籍很多，建議各位不妨買來一讀。

所謂「色」，就是眼睛看得到、具有形體的東西，亦即成為物質現象存在的東西。

所謂「空」，就是沒有實體。因為不具有「實體」的概念，所以很難掌握到。

佛經經常提到：「色即是空　空即是色」。意思是說眼睛看得到的東西並非實體，不是實體的東西卻具有形。

這就好像在玩腦筋急轉彎的遊戲一樣。

眼睛看得到、確實存在的東西，確說它「不是實體」，這究竟是怎麼一回事呢？

每一個人所表現出來的，都只是片段而已。因看我們的人不同，而有各種不同的身分。

「那個人啊，真討厭！」

這是我們對別人的一種看法。而在我眼中看起來覺得討厭的這個人，可能在某個我不知道的地方，付出了很大的努力，或曾流下人生艱苦的淚水，這些我都不得而知。

為此之故，禪僧特地教導我們如何生存於瞬間的現在。

也許這種生存方式才是正確的吧！

人生的價值感會因為各人的心情而改變。外在的狀況和環境並沒有太大的差異，而會發生重大不同的是，人的心情。

德國的哲學家蕭邦・哈威爾說：「這個世界，對悲慘者來說永遠充滿悲慘；對空虛者來說永遠空虛。」

人生應該是充滿自信的。踏出人生的每一步，用新鮮明朗的心情去迎接每一天並且全力以赴。

51. 肝腎道心

肝臟是製造血液的工廠，腎臟是淨化血液的工廠，對維持身體健康而言，都是「非常重要」的器官。

佛教修行首重「道心」。僧侶一旦踏出道外，前輩僧就會嚴加叱責：「你沒有道心！」

此外，僧堂的指導者也會不時耳提面命：「要注意培養道心。」

字典裡對「道心」的解釋是：

①追求佛道，朝向涅槃領悟前進的心。菩提心。

②發揚道心進入佛道者。

能夠被稱為「僧侶」者，首先必須發揮道心，並且經由出家儀式渡化。但是，參加出家儀式是由於自己強烈的意志發揮作用，抑或宛如父母般的師父的意志發揮作用呢？不同的答案將會使修行態度產生很大的差距。

到寺廟修行，是否真的修行，決定關鍵在於本人。正因為如此，前輩和指導者才會不斷地強調「道心」這句話。

不只是禪的修行，這個道理用在其它地方也可以互通。父母要孩子或前輩要後輩做某件事時，如果不是出自孩子（後輩）本身的意志，就會形成沈重的心理負擔。

有人認為僧侶剃光頭看起來很醜，有人認為僧侶穿的衣服很難看。但是，相信人在接受出家儀式以後，就必須具備「道心」，自然也就不會去在意美醜了。

由此可知，要完成一件事情時，想要完成的心（道心）是最重要的。

德國的作家凱迪說：「人生最要緊的是，要胸懷大志，同時並擁有實現該志願的技能和忍耐。」

不要老是把自己的不如意歸罪在自己的性格上。人生應該積極地磨練自我的能力和耐性，凡事抱定必成的信念，勇敢地努力到最後。

當我們要做一件事情時，抱著姑且一試的心理去做，和以志在必得的決心去實行，必定會有兩種極端的結果，因實行的動機與魄力不同，其成果也自然迴異。

52. 悉有佛性

「一切眾生　悉有佛性

如來常住　無有變易。」

一般人對這句話的解釋是：「一切眾生都有佛性，如來常住心中，沒有任何改變。」但是，道元禪師卻有不同的解釋：「一切眾生所有的，只不過是佛性而已。即使如來常住，也不會有任何改變。」

道元禪師是直接閱讀經文，一般人則是給與一個折返點來閱讀經文。一旦有了折返點再來閱讀經文，便無法瞭解本來的意義，如此也就無法瞭解道元禪師真正的佛教觀了。

為了正確瞭解道元禪師的佛教觀，青年僧們曾針對這道問題提出兩、三個疑問。相對於一般人對這個句子的解釋：「一切眾生內心都有佛性」，道元禪師的解釋則是：「內心存在的只有佛性，除了佛性以外再無其它。」

禪問答中必有一篇是這樣的：「蚯蚓被人用刀切成兩半。請問，在那不斷蠕動的兩半當中，到底那一半具有佛性呢？」如果把蚯蚓的身體和蚯蚓的佛性視為對立，恐怕就無法找出答案了。

「悉有佛性」也是同樣的道理。把佛性解釋為自己的身體，或解釋成為存在自己身體內，兩者的立場是不同的。

俗話說：「日日是好日。」但是，究竟是得到獎賞的日子是「好日」，抑或一天平安無事的日子就是「好日」。

倘若能像道元禪師所說的那樣，將佛性看成是一種自己的存在，相信就能豁然領悟了。

當蘇格拉底第一次說出「認識自己」這句金玉良言的時候，正和今日的精神病學家一樣，他以為一個人要是不徹底地了解自己，便不能有極大的發展，也不能適應環境，甚至不能向前獲得勝利，以致在世界上佔據重要的地位。

所以，先要徹底地認識自己，然後，才可以改變他原來的職業。照普通說來，能夠「認識自己」，就足以改造一個人了。

53. 善惡難定

關於善惡，道元禪師的說法如下：

「善惡難定。世間之人皆認為綾羅綢緞較好，鹿布糞掃衣不好。但佛法卻認為此為清，金銀錦綾為濁。且世間一切皆然。」

一般人認為穿著漂亮衣服，也就是綾羅綢緞才是好的。即使是和尚所穿的袈裟，一般人也認為只有繡上金襴、金光閃閃的袈裟才是上等品。反之，用粗布製成的僧衣，也就是便宜的鹿布糞掃衣，則是不好的劣等品。

佛教的想法卻完全相反，認為奢華的衣飾不好，粗布衣服才是好的。

現在你一定覺得頭腦一片混亂吧？

世間認為「善」的，佛教卻認為是「惡」；佛教認為是「善」的，世間卻認為是「惡」，所以說「善惡難定」。

由「善惡難定」這句話，讓我想到佛教的「佛」字。「弗」有否定偏的意思，

加上三點水則成了「沸」字，表示水變化成為滾水的狀態，意思是說「像是水卻又不是水」。

至於「佛」這個字的解釋，則是「像是人但是卻不是人」。也就是說，佛教的「善惡」與世間的「善惡」並不通用；相反地，世間的「善惡」，也無法與佛教的「善惡」納入佛教，就會引起混亂。

不論是用綾羅綢緞製成的袈裟，或是用粗布製成的袈裟，都改變不了它們是袈裟的事實。

法國的作家吉德說：「創造幸福的祕訣是，要在工作中尋找快樂，而不是一味地爭取快樂的事。」

不要因為沒有成果就灰心，在努力工作中一定可以找到值得喜悅的東西。

需要學習的太多了！可能有人會漫無目標地說，我該從何處著手呢？其實，在日常生活中，只要細心觀察他人的舉動，或揣摩前人的言行，都能帶給我們很大的啟發。但是能否在學習中進步，就要視個人有否虛懷若谷的修養。

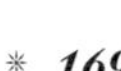

54. 醉象調伏

釋尊有個弟子名叫戴巴達塔。此人想要害死釋尊，於是讓象喝酒，然後朝著釋尊把因為喝太多酒而陷於狂亂的象放過去。出人意料之外的是，原本朝著釋尊方向狂奔的醉象，在來到釋尊面前時，卻變得如同一隻溫馴的小貓。這個故事即所謂的「醉象調伏」。

所謂「調伏」，就是制伏、降伏諸惡。釋尊的慈悲心傳入醉象的心靈，從而制伏了象心。

戴巴跟隨釋尊修行了十二年，卻始終無法領悟。眼見其他弟子陸續得到領悟，獨獨自己一人不行，戴巴內心的苦惱可想而知。到了最後，戴巴將苦惱轉為對釋尊的憎惡。

仔細想想，如果你處在戴巴的立場，你的心情還能一直保持穩定嗎？眼見朋友們一個個出人頭地，自己卻還是沒沒無聞的小職員，心情當然十分激動。久而久

之，你會怨恨上司、怨恨公司，甚至怨恨整個社會。

事實上，釋尊和對待其他弟子一樣，也對戴巴講述佛道的道理。只是，戴巴的心理怎麼也聽不到釋尊的聲音。戴巴的缺點，其實也就是一般人的缺點。

當別人明白指出你的缺點時，你能坦然接受嗎？我想能夠這麼做的人一定很少。甚至你很可能會因此和這些親朋好友絕交。反之，大部分的人都會注意到他人的缺點。

有人說：「他人是反映自己缺點的鏡子。」這真是一句至理名言。

戴巴和其他弟子之間究竟有何不同呢？我想最主要的原因，應該是在於他並未側耳傾聽他人的提醒。

自己內心的苦惱，有時也可以藉由側耳傾聽他人的提醒而找出解決的端倪。

美國的思想家愛曼森說：「大家都只知道同樣事情的一群人，勢必即將不再彼此互成為良友。」

因此，對待具有與自己不同經驗和知識的朋友，應該更加親密。

這對彼此都是非常有助益的，彼此都會因此而加速自己的成長。

55. 解空第一

釋尊的弟子須菩提，因為能夠真正理解「空」而被稱為「解空第一」。空的思想，出現在我們平常誦讀的《般若心經》中。有人說：「般若心經好像鴿子叫似地念經。」因為經常可以聽見「咕嚕、咕嚕、咕嚕」的聲音。關於「空」的概念，即使已經作過很多說明，仍然很難解釋。每當遇到解釋或說明時，總會令人感到困惑。

下面就為各位介紹在解釋「空」的時候，從前輩那兒聽來的良寬故事。良寬是日本江戶時代曹洞宗的禪師，經常和村裡的孩童玩得忘了夜幕已經低垂。有一天，一位旅人到良寬殘破的寺院拜訪。良寬非常周到地招待客人，不但為他準備洗腳水、飯菜，還在翌日一早為他準備了洗臉水。而這一切工作，全都使用一個鍋子。

或許你認為良寬是因為太過清貧，才不得不如此，其實不然。真正的原因是，

良寬並不拘泥於「髒」這個觀念，認為一個鍋子就可以用來洗腳、洗臉、煮菜、作飯。

執著於一個鍋子的「乾淨」或「骯髒」的是我們。想到昨天那個煮出美味飯菜的鍋子，今早竟被用來洗臉，就是有山珍海味擺在前面，也沒有人吃得下去了。這就是我們的執著。

「空」是超越執著、差別、自由的境地，是到處都廣大的心境。

「空」超越了善惡、長短、有害、無害、乾淨、骯髒等相對的看法。

良寬就是「空」世界的實踐者。

西班牙的作家雪魯翰帝斯說：「我們必須要臨機應變地行動。」

不要死抱著單一的方法規則不放，儘量收集檢討多方面的方法，從中選擇能適合時機的加以試行。不必害怕失敗，果敢地向環境挑戰，自然可以開拓出自己的道路。

苦難是一種成長的歷練，缺乏挑戰意志的人，不管做任何事情都無法成功。如果一遇困難就逃避畏縮，即將永遠也無法領略在苦難中成長的喜悅。

56. 倩女離魂

這是一則家喻戶曉的中國民間故事。

相傳古代有位叫做倩女的美人。有一天，其父對與倩女青梅竹馬的少年說：「你們這對俊男、美女站在一起，就好像一對娃娃似地。等你們長大後成了親，一定是對非常相襯的夫妻。」

兩人都相信父親所說的話，認為將來一定會和對方結為夫妻。孰料等到倩女長大以後，父親卻要她和別人結婚。倩女堅決不肯，迫不得已只好和青梅竹馬的戀人相偕私奔。

數年後，兩人生下一子，認為孩子必能令父親回心轉意，於是雙雙回家請求父親原諒。不料父親看到她時卻嚇了一跳，因為倩女這些年來一直臥病在床，根本不曾離家半步。原來倩女居然一分為二，變成兩個人了。

到底那一個才是真正的倩女呢?留在家裡的那個倩女，只是一具肉體而已，她

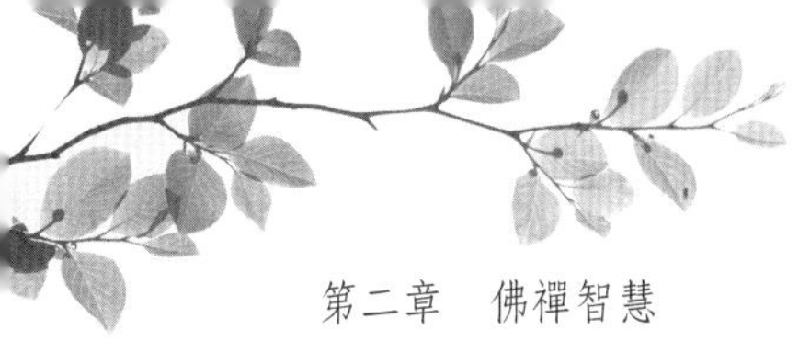

的魂魄早已變成另一個倩女，隨著情郎遠赴他鄉並且生下了孩子。

唐代的法演禪師曾經詢問徒眾，到底那一個才是真正的倩女？如果是我們，對這個問題應該如何回答才好呢？如果你的女朋友或女兒變成兩個人，恐怕你也會感到驚訝不已！

因為大部分的人都有一種根深蒂固的觀念，認為這世上只有一個倩女存在。而且不管是戀人、親子、兄弟或朋友，所有人際關係的愛都是亙古不變的。

事實上，我們的心靈無時無刻不在動搖。心靈與肉體是不同的，所以不能把它們緊緊地綁在一塊兒。

對於「喜歡」或「討厭」這種動搖的心靈，自己必須坦白承認。至於法演禪師的問題，只要承認這種狀態，就是一種解答了。

英國的作家姆亞說：「人為了想要找尋自己想要的東西而在世間中奔波勞累，可是卻在他回到家的時候，發現了它。」

人往往因要獲得幸福，就設定一個目標，以為只要達到這個目標，幸福就垂手可得。當然未來的事必須預做盤算的，不過，最重要的是個人自己的心意。

57. 須彌南畔

「須彌南畔，誰會我禪，虛堂來也不值半錢。」

這段話的大意是：

在這個世上有人能瞭解我的禪嗎？即使中國高僧虛堂前來，也是一錢不值。

這是著名的一休禪師的遺偈。所謂遺偈，就是在自己死去之前所說的話，也就是一般所說的「遺言」。審視吐露一代大師心境的一休禪師的遺偈，的確頗具魄力。字字句句都充滿了自信，如果不是真正的禪者，絕對無法具備此等自信。從這點看來，大師真可謂堂堂正正之死。

關於遺言，現代人又是以何種方式來對待呢？

釋尊也有所謂「遺教」這種遺言流傳下來，其中記載著我等佛教信徒應走的道路。在釋尊死後過了二千五、六百年的現代，「遺教」內容絲毫未受污染，依然能在一片混沌的現代展現萬丈光芒。

一提到遺言，很多人立刻就會聯想到有關財產分配的問題。不過，釋尊所留下的財產並不是「物」，而是「心」，因此很多人都能繼承這份財產。

「二、三天沒見到你，怎麼回事啊？」

「我在故鄉的父親死了。」

這是來幼稚園接孩子的家長之間的對話。各位猜猜接下來他們會說些什麼呢？如果你以為他們會說些「真令人傷心啊！」之類的話，那你就大錯特錯了。

「令尊留下多少財產啊？」「這下子你可有好日子過了。」「你真幸運啊！」

現代人的精神狀態，到底哪裡不對了呢？

狄斯雷利說：「並非處境決定人的一生，而是人自己創造一生的處境。」

社會無時無刻都確實而且激烈地在變化。要想對應每一個新的變化，必須拋棄過去，正視嚴酷的事實。

德國的神學家凱姆畢斯說：「這個世上的榮耀，其之逝去是多麼地快速呀！」

隨時保有前瞻的態勢，以創造更新、更高的光榮為目標，繼續不斷地努力奮鬥，人生才能不斷地有豐碩的成果。

58. 怨憎會苦

喜歡抱怨的人，大部分是生活中的敗將。

一碰到不如意的事，他們不懂得內省、自惕，卻把不如意歸諸別人的過錯。於是日積月累，他們自視愈高，在生活上卻失敗得愈慘。

佛教將人類基本的苦分為八種，稱為「四苦八苦」。其中之一為「怨憎會苦」，意思是說，不得不遇到你所憎惡的人，也是一種苦。

大人經常告誡孩子：「和任何人都要好好相處？」但是真的能辦到嗎？大人自己的世界裡，不就分成許多派系，經常勾心鬥角的嗎？只是當孩子們用任性的話語，以發牢騷的方式表現反擊時，大人就會抬出道德規律：「不可以憎恨他人」。因為說的是一套，做的又是另一套。當然對孩子的說服力就會減弱。

釋尊則明明白白指出：「遇到自己憎恨的對象也是一種苦。」坦白承認凡夫俗子的弱點。事實上，每個人都知道遇到自己憎惡的人，並不是一句「不理他」就可

以解決的。

問題的關鍵，在於如何解決怨憎會苦？

禪教導我們「不執著」。即使有你討厭的人在，那又何妨呢？一旦執著於自己所討厭的人，心智就會被剝奪。結果就會千方百計地想要讓對方出糗或將其趕走，產生各種不同的心態。

釋尊有言：「不接受第二支箭。」遇到你所憎恨的人是接受「第一支箭」，而接受「第一支箭」是出於無奈的。問題就在於接下來的「第二支箭」。如果持續憎恨，就表示持續接受「第二支箭」。「箭」是會傷人的，當到了第幾支「箭」時，就會造成致命傷了。

不過，我們都知道，瞭解現實問題是一回事，真正要付諸實行卻非常困難。在你自覺已經接受「第二支箭」「第三支箭」的同時，也瞭解了自己的軟弱。

一旦知道了自己的軟弱，就能成為原諒對方軟弱的人了。

感情或論理，常因場面的不同而有所改變。但是，能夠善意待人，對方必然以善意的感情、善意的論理來對應。能否博得對方的喜愛，當然結果就有差別。

59. 泥多佛大

偶爾我們也會聽到一些不可思議的話語，例如「泥多佛大」。泥指煩惱，這句話的意思是說，煩惱愈多，領悟也愈大。

我們都知道，想要成佛就不能有煩惱這種迷惘。然而，泥多佛大這句話卻推翻了我們原先的瞭解。

佛教認為迷惘愈多就愈要努力。注意到自己的缺點而加以改正的，是你自己。如果沒有煩惱、迷惘，自己也就不會反省了。

人在面對事物遭到失敗時，會反省為什會失敗，且經常將原因歸諸於「倒楣」或「幸運」。亦即將自己的失敗歸咎於倒楣，別人的成功則是因為幸運的緣故。

但是，不論是感嘆「倒楣」或「不幸」，人們通常會根據自己的想法任意區分好壞。以自己為中心，做出任性的感嘆。

事實上，所有的「不幸」或「倒楣」，都是我們自己的心所製造出來的「幻

影」而已。換句話說，我們其實是在跟自己製造出來的「幻影」生氣、焦躁。

如何才能不為這些幻影所惑呢？這是我們必須用心思索的問題。

一言以蔽之，「感謝」可說是解決問題的關鍵。在年輕氣盛的青春時代，人經常是以自己為主來面對社會。等到進入社會以後，如果不曾嚐過到處碰壁或遭遇挫折的滋味，自然無法瞭解真正的感謝之意。拜眾人之賜自己才能存在——對這層肉眼看不到的「緣」，一定要抱持感謝之心。

自古以來，未曾聽說生活安逸的人，成就過任何大事。因為人只要感受到幸福，就只會有延續幸福的意願，自然沒有突破進取的鬥志。

相反地，陷於悲傷中的人，會想辦法脫離困境，於是潛意識中會因悲傷的刺激，更加奮發。

有人說：「人生就是因為有戰鬥而顯得更美好。」

我們必須學習先人們的奮鬥心和對生活的熱情，努力奮鬥使自己的人生更加輝煌。

燃起心中的鬥志，人生絕對沒有什麼危險和困難。

60. 趙州狗子

「狗子」指的是犬。

有一次，一個和尚問趙州和尚：「犬有沒有佛性？」

趙州和尚只回答了一個字：「無。」

這是出自《無門關》禪語錄的著名問答。到底它的知名度如何呢？大部分的人雖然不解其義，卻會連想到「禪＝無」。

禪的問答愈短，解說就愈長。而這個問答，只是說「犬沒有佛性」。稍微涉獵過佛學的人，可能會提出異議。因為，釋尊不是說過「一切眾生，悉有佛性」嗎？

而趙州卻回答「無」，為什麼呢？原來，趙州認為這個問題本身就不自然。究意有何不自然之處呢？所謂有佛性，應該是生物擁有原本具有的性質，才具有佛性。犬既然是體的存在，當然具有佛性。所以，問題在於有或無。

趙州認為「體＝佛性」。換句話說，趙州對這個問題的回答應說是具有佛性。

如果趙州生存寵物風行的現代，當他對愛犬人士說：「狗沒有佛性」時，恐怕立刻就會成為眾矢之的。

不過，相信趙州還是會堅持己見：「狗應該像狗、貓應該像貓。」「你們把自己的孩子當寵物一般，要他們去上補習班、才藝班……孩子就應該像孩子。」

羅馬的哲學家薛奈卡說：「問題並不在於如何長生不老，而是在於要如何才能活得有意義。」

換言之，人生的價值，不在於其長短，而在於其內容。

社會上常有許多人因吃不了苦，而不斷地變換工作，或者以不適合自己為推託之詞；長此以來，非但使自己意志薄弱，無法承擔社會的考驗與磨練，更無法以工作來作為精神上的寄託，以致終身像失了根的蘭花，飄零惶恐而不知所措。

因此，我們應該考慮的是今後要如何活下去。而最重要的不外乎是，要有目的地活下去。

61. 潛行密用

潛行密用是「潛行密用如愚如魯」這句話的前半部。意思是指「不是為了利益或沽名釣譽，哪怕是毫不起眼的工作或些微小事，也要盡力完成」。這是中國洞山良價禪師所說的話。

根據個人的經驗，我們知道誠心誠意去做一件不會引起他人注意的事情，的確十分困難。和尚這番話教的本意是：「在不為人知處，為他人的幸福流汗。」然而一般人的通病卻是，愈是流汗，愈想向他人吹噓。像和尚自己，不也是利用說教這個絕佳機會，拚命地向他人吹噓嗎？

為什麼善行一定要讓別人知道呢？不光是大人，連上幼稚園的孩子也是有這種傾向。「××做了壞事，我當場就糾正他了。」孩子會向大人邀功。「真的？你好棒啊！有獎、有獎。」父母也會投合其心意給與賞獎。

做好事就能獲得好的報酬，在現今社會裡已經成為一種習慣了。

即使長大成人以後，做好事仍能博得眾人的喝采，得到好的名聲。問題是，名聲也有它的缺點存在。它就好像毒癮一樣，會讓人更想要獲得眾人的喝采及名聲。為了得到名聲，於是拚命去做好事。

證嚴上人說：「立志向善者，就會向上精進；立志向惡者，就會向下墮落。」

一位朋友有個非常奇怪的習慣，那就是喜歡把放在廁所前的拖鞋擺好。有人詢問他時，他說他打算一生都這麼做。

把公共場所的拖鞋擺好，的確會讓人產生抗拒心理，但是，他卻若無其事地表示，先把鞋子擺好方便後來的人使用，自己再把手洗乾淨不就沒事了嗎？

在他人看不見的地方所表現的善行，才是人類真正的價值。

瑞士的詩人福斯凱利說：「趁燈火還在燃燒的時候盡情享受人生，趁薔薇尚未凋萎時，摘下艷麗的花朵。」

首先，要明確地找出自己有什麼希望想要做的事，然後及時地實行。

燃起心中的意慾，有目的地渡過人生的每一天。自覺自我的人生是充滿著無限的可能性和責任，同時要努力地追求自我的實現。

62. 眾善奉行，

諸惡莫作——任何惡事皆不可作。

眾善奉行——應該力行諸善。

自淨其意——要清淨自己的心。

是諸佛教——這是諸佛的教誨。

這段經文見於「七佛通誡偈」。

道元禪師著有《正法眼藏》一書。該書主要在述說道元禪的真髓，共分七十五卷（七十五章）。其中的第三十一卷，即為「諸惡莫作」卷。

諸惡莫作卷主要在說明「七佛通誡偈」的內容。

道元禪師的解釋是：「不作諸惡、行眾善、淨心，這就是諸佛的教誨。」

各位覺得有何不同呢？

所謂的「不作惡」，並不是迫不得已才不作惡事，而是因為投入佛道以後，自

己就不會作惡，同時還會自然行善。

道元禪的特徵，是只管坐禪。捨棄一切計較，只鼓勵佛道修行。作惡固然會受責罰，但因為會受罰等理由而不作惡事的想法是不對的。此外，為了獲得更大利益而行善的行為，也是不對的。

道元禪師所謂的眾善奉行，其實就是「應該行眾善」。能夠達到這種境界的，就是一直坐在那兒坐禪的修行僧。不論是在何處，道元禪師的世界都是非常純粹的。

日本的詩人小林一茶說：「不羨他人之富有，不嘆己之貧窮，人應該是，戒貪、恐奢。」

現代的社會中，生活的模式是多樣化的，而且各有其價值觀的存在。最重要的是，自己應該確立各自的生活模式，而不是到處與人比奢華。

克服自己，可說成「徹底的自我管理」。而這種管理最重要的是，控制內心的情緒。成為本身意識的主宰，在邁向目標的過程中，不使本身的脆弱成為最大的障礙。如能掌握這個要領，那就沒有辦不到的事了。

63. 極端快樂

參加喪禮慰問喪家時，最常聽到的一句話是死者已經上天國了。事實上，只有基督徒才會有上天國的想法，身為佛教徒的人，只能默默地聽著。

和僧侶的布教活動比起來，電視裡的宣傳活動似乎有力多了。畢竟，宣傳活動是傾注全力進行，而布教活動則只能利用餘暇進行，兩者之間的勝負早已昭然若揭。

佛教國家並沒有天國與地獄之別，而是地獄與極樂之分。佛教認為，極樂與天國之間有很大的差距。

根據佛教的宇宙觀來看，天國仍然屬於輪迴的世界之一，是迷惘的世界。雖說是天人所居住的世界，但天人也有壽命，也必須再次回到地獄，所以並非理想世界。至於極樂，則是脫離輪迴世界的「極端快樂」的世界。

那麼，我們所在意的地獄世界，又是怎麼回事呢?由「今世地獄」「地獄特

訓」等字眼，就可以瞭解到這並不是死後的世界，而是我們現在所居住的世界。

如果這個世界真有地獄存在，那就必須努力逃離地獄才行。佛道修行就是為此而存在的。

但，如果沒有學習佛道的姿態，就無法改變自己。

正如「喫茶喫飯」所言，在喝茶、吃飯等日常生活中，仍然有很多佛道修行的種子。希望能藉此將今世的地獄改變為極樂。

有些人的觀念總以為談人生的事就等於是自己老了一樣，而覺得趁年輕應該要及時歡樂。

娛樂享受也是人之常情，可是光談這些是不可以的。除了娛樂之外，應該還有許多必須要做的事。

陶淵明說：「盛年不重來，一日難再晨。」

人生應該及時努力，趁現在就要做好人生的計劃。這種事永遠不嫌早。

為了避免在人生旅途中，走上愚者的命運，在平時就須鍛鍊堅強的意志，因為精力充沛、意志堅強的人，足以抗拒精神的腐蝕。

64. 滴水滴凍

意思是指水還來不及滴下，就已經在剎那間結凍了。根據佛教的解釋，就是心中的妄想不要讓它一直留存下來，而必須趕緊解決掉。

人所可能遭遇的苦當中，有一種為「五陰盛苦」。這是一種由五體，也就是我們的身體，湧出苦來的「苦」。

我們既非聖人君子，更不是能夠超越一切的仙人。看到美女會心動，看到錢也會心動。看到能夠平安度過人生波濤的人，則會心生羨慕。

在我們的一生當中，會不斷地出現憤怒、煩惱、嫉妒等「妄想」。反過來說，正因為有這些妄想，才證明我們是活著的。

佛教稱人類所生存的世界為「娑婆」。娑婆是內有煩惱、外有風雨寒暑等痛苦的世界。

舉個例子來說，在擁擠的車子裡，有位子可坐的畢竟只是少數，大部分的人都

只是站著，隨著車子的晃動推擠他人的身體或踩著他人的腳。當被踩的人叫著「好痛呀！」我們會慌忙道歉，並且為自己找藉口：「實在太擠了、沒辦法。」但是，當自己的腳被踩時，卻會不顧一切地破口大罵：「這個渾蛋！」

每個人都具有自我本位主義的想法。但仔細想想，人與人之間會出現不和諧的關係，實在是非常可悲的事情。

也許有人會說，只要不坐在擁擠的車上，不就什麼問題都沒有了嗎？的確，一旦不活在這個世上，當然沒有問題。遺憾的是，我們確確實實地活在這個世上，所以也不得不坐上擁擠的車子。

「滴水滴凍」這句話告訴我們，煩惱本身並不是不好，真正不好的，是讓煩惱一直留存下來。

有一句俗話說：「人最大的錯誤是自以為是，而且死不認錯。」

用自己的方法所得到的結果，如果並不理想時，就應該誠實地反省，並聆聽長輩的意見。

如此，才可以學習到與自己不同的想法和作法。

65. 只管打坐①

「只管打坐」意思是說：「只要貫徹坐禪的行為就夠了。」這是曹洞宗教義的旗印。

教義本身相當簡單，想必各位都能理解，但問題在於是否真能培養出這種工夫？

佛教並不重視頭腦的理解。如果只是知識性的問題，恐怕只有那些頭腦聰明的人才能得救。而像我們這種不聰明的人，恐怕就相當不利了。所幸佛教並不需要頭腦的理解，因此，問題就在於如何培養這種工夫。

許多禪的修行道場，在一開始就會教導人們，運用頭腦的理解對過去的生活做個評價。學校生活如此，考試也是如此。

由於以往的生活基礎和現在不同，因此，要瞭解是很困難的。如果你有利用坐禪得到領悟或使心情平靜等想法；最好一概否定，只要坐禪就可以了。

不只是坐禪，擦地板也是如此。只要貫徹擦地板的行為就可以？這麼做實在令人難以理解。走廊不是先前才打掃過嗎？走廊打掃乾淨會有前來參拜的人稱讚我嗎？會讓人覺得比較舒服嗎？一切計較都必須予以否定。在身體習慣以前，要持續不斷地向擦地板這個工作挑戰。

當雙手伸進冰冷的水桶裡時，你會發現並不是自己在虐待抹布，而是抹布在虐待你。

學會用被動的方式來思考事物以後，就會發現整個世界豁然開朗。這就是「只管打坐」的世界。也是與「請讓我做……」這句話互通的心靈。

有些人動輒怨天尤人，以為上天不公，不給他出頭的機會，其實，如果他肯反求諸己，當明白自己的不如人是自己的努力不夠，怎能怪人？

不論那一個人，至少都能把一樣事情，做得很美滿的。

你現在還沒有發現你自己會做什麼事，等到你能夠發現了的時候，你所有的煩惱，都隨之完全消滅了！到這個時候，你便會同意我所說的，相信你自己畢竟是一個偉大的人了。

66. 只管打坐②

「只管打坐」就是指「只要進行坐禪」，而在現實生活當中，我們應該如何做呢？

坐禪就是坐禪，什麼也不求。這就好像拼命工作，卻不求報酬一樣。我們工作的理由，大多是為了出人頭地，為了供養家人，也就是「為了什麼」而作。至於禪，則認為必須斷絕這一切。

道元禪師曾經前往中國學習佛教、研讀語錄。有一天，一位禪僧問他：

——「為什麼要讀語錄呢？」

道元：「為了學習祖師的足跡。」

——「為什麼要學習呢？」

道元：「等回到日本以後好引導眾人啊！」

——「為什麼要引導眾人呢？」

道元：「為了救人。」

——「結果到底是為了什麼呢？」

禪僧的一再追問，令道元無言以對。因為，道元禪師自己也不知道是「為了什麼」，只感覺內心十分空虛。

不要只從表象來看「只管打坐」，唯有投入自己的生命，才能領略其真髓。

當我們絞盡腦汁去想「為什麼去做」時，反而會使行動變得不自由。不如轉換發想，展現盡全力完成被交付的工作，或埋首於學習的行動。

在做事的過程之中，重要的是自己有無盡了心、出了力。如果平日都苦幹實幹，不敢有所懈怠，那麼這些努力的累積一定可以帶來成功。

法國的作家菲羅貝爾說：「成功是結果而不是目的。」

當然，人無利而不往，結果的成敗的確叫人擔心，不過，如果過分地在意結果，恐怕會疏忽了該有的行動。所以，只要每天都腳踏實地的全力以赴，成功自然會來臨。

不要把人生看得太嚴肅，你絕對無法活著離開它。

67. 三衣一缽

奢侈的標準正隨著時代而不斷改變。而充斥於各個家庭的電化製品，標準的改變更為厲害。

在某個時期，冰箱、洗衣機、電視被稱為「三種神器」。當時的「三種神器」對庶民而言，猶如高嶺之花，可望而不可及。等到冰箱大量生產、價格降低以後，幾乎家家戶戶都擁有一台冰箱了。而在現代，一個家裡有兩、三台電視是很平常的事。技術革新的進步速度，著實令人感到驚訝。

以前為了買一台電視，必須拼命工作、節衣縮食地存了好幾個月才能如願以償。而今卻可以利用分期付款等方式，輕輕鬆鬆地把電視搬回家。於是乎每當有新產品問世時，這一代的人就會爭相購買新的產品。其揮霍的情形，用「奢侈」這句話已不足以形容。

對於年輕人視為理所當然的消費，老一輩的之所以會看不過去，可能是由於

「奢侈」的標準不同所致。

在禪的世界裡，雲遊僧所攜之物有所謂的「三衣一缽」。「三衣」指的是身上所穿的衣服，「一缽」則指食器，同時也是托缽時用來盛裝施物（米或錢）的器具。這三衣一缽，乃是雲遊僧維持生存最低限度之所需。如果擁有超過三衣一缽以外東西，那就是奢侈了。

仔細想想，擁有許多東西的人，對東西的執著心也較強。每次一有新產品上市，即使不是必需品，也會不顧一切地買回家來。同理，愈是有錢的人，對錢的執著心愈強。他們腦海裡想著的，不外是怎麼樣才能賺取較高的利息、那一種股票才會賺錢等等。

佛道修行首先必須斷絕一切執著，當然對於所擁有的東西也必須加以限制。對修行之人而言，維持生存最低限度以外的東西，都是奢侈品。

佛教所謂的「一切眾生　悉有佛性」，是指所有生物都具有成為佛的性質。不，不只如此，甚至連石頭、泥土也能成佛。這就是所謂的「草木塵土　悉皆成佛」。所以，唯有懂得重視東西，才能體會對他人的「體貼」。

68. 諸行無常①

某個青年僧從他人口中得知佛教的偉大，於是下定決心要成為「布教師」，並且從前輩布教師那兒吸取了許多寶貴的經驗和知識。令他感到不解的是，每一位布教師都告訴他「諸行無常」。到底什麼是諸行無常呢？

一般人都能理解「無常＝死」。像墜機或列車出軌等意外事故，經常會令人感覺「死＝無常」。與自己心愛的家人分別，會產生斷腸之苦；白髮人送黑髮人時，則會產生錐心之痛。總之，對於死者的感情愈深，所受到的打擊也就愈強。

那麼，某些布教師所謂「無常＝生」的說法，又是什麼意思呢？

佛教辭典對於「無常」的解釋是：「並非永遠」。至於「諸行無常」，則是指「圍繞在我們身邊的事物，隨時都會發生變化」。

佛教認為「無常＝變化」。既是變化，那麼死也是變化、生也是變化。包括人類在內，一切具有生命的東西都會不斷地產生變化。有生命的東西必定會毀滅，有

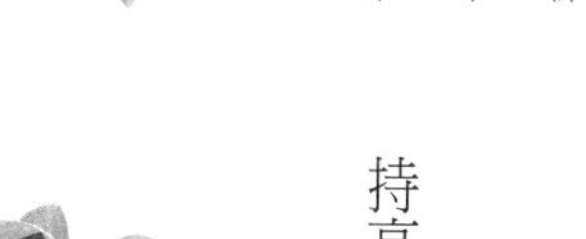

形體的東西，其形體必定會遭到破壞。

這個法則沒有例外。釋尊用「諸行」來比喻萬物。所謂「諸行無常」。就是萬物（諸行）會隨著時間消逝而消逝（無常）。嬰兒之所以會成長，就是由於諸行（萬物）無常（消逝）所致。同樣是無常，人卻會為成長而喜悅，為老、死而傷悲。

正因為所有的一切無時無刻不在變化，所以，不必在意瞬間所發生的事情，而應正視「諸行無常」所蘊含的真理。

有些人一遇到挫折，就輕言放棄，認為那是自己的能力無法辦到的，殊不知這完全是自己潛在的心理作祟。

倘若仔細觀察，將會發現所謂的不能，只是搪塞的藉口罷了。須知，歷史上的偉人，並非他們都選擇平坦的道路，而是他們有將道路化為平坦的毅力。

希臘的辯論家迪摩斯提尼斯說：「維持幸福遠比要獲得幸福難。」

人在高潮如意時，往往會閒散安逸，於是情況就會馬上逆轉而下。如何繼續保持高潮，是一件非常困難而且是非常重要的事。

69. 諸行無常②

《無常偈》說：「諸行無常，是生滅法，生滅滅已，寂滅為樂。」

「諸行無常」，這個「行」字的梵文是samskāra，含有「製造的」之意。但在古代佛教的用法，「被製作的」和「有為」同義。

更嚴格地說，在什麼都不存在時，亦即無始以來，沒有所謂的產生原因時就已存在者，故不會喪失。這種存在稱為「無為」，例如：虛空、涅槃等。

但是，除此以外的一切，都是有為。尤其在遠古時代的佛教中，認為有為的存在，意味著擁有一切的生命者，那就是人。

人生在世，頂多活到一百歲左右。當然，出生在這個世界上，人人都有死亡的命運，而其中最令釋尊費神的問題就是，人應該如何去接受這個遲早會死亡的冷酷事實。

巴里語的涅槃經「Mahāparinirvāna・Suttanta」中記載，關於釋尊的話，可說是其

遺言，如下：

「諸行無常，要不斷精進。」

這並不是說，被製作出來的一切，例如水缸、房子或山河大地都是無常，這和希臘悲觀論的始祖——赫拉克賴脫所說的「萬物流轉」之意，並不相同。

任何人都一定會死亡，也可以說，明日的生命並無法獲得保障。趁著有生命時，將獲得的出家修行，好好履行，不要迷惑，只要專心修行即可。

像這樣超過有為的人類生活理想之無為，不外乎涅槃寂靜的境界。在有為存在的人間，隨時都會受到慾望、嫌惡、無知（被稱為煩惱中心的貪、瞋、癡三毒）的影響。

惟有超越充滿煩惱的有為世界，才是涅槃寂靜的世界。

證嚴上人說：「外界的魔不可怕，心中之魔才可畏。」

不過，人們在平時心中所想的死亡，都認為是他人的事。因此，一旦自己面臨死亡時，就會煩惱、痛苦、慌張。佛教教誨人們要自覺諸行無常，就是避免死亡時的痛苦、恐怖的方策。

70. 電光影裏

綜觀禪僧的生平會發現，愈是在緊要關頭，愈能散發生命的光輝。

鎌倉時代圓覺寺的開山始祖無學祖元在中國時，元軍一度攻到他所借住的寺廟來。其他修行僧全部四散奔逃，只有祖元一人仍在那兒坐禪，一點也不感到害怕。當著元軍面前，他泰然自若地說了一句：

「電光影裏，切春風。」

意思是說，當我的身體被切開時，就好像閃電劃破黑暗，利刀切過春風一樣。如此悲壯的話語，使得元軍相顧失色，終於留下祖元逕自離開了。

禪高僧所散發出的那種壓倒性的存在感，究竟是從何而來的呢？像這樣的境地，要如何才能得到呢？

應該說是「藉由坐禪而來」。

在坐禪研習會的成員當中，有一些長年出現的老面孔，在態度上總是顯得格外

平靜。而且，似乎坐禪時間愈長，愈能具備這種平靜的態度。至於究竟有多長的時間呢？那只能說長到連他們自己也記不得了。真要計算，也只能以十年、二十年為單位。

現今可以說是以速食品為代表，講求簡便、迅速的時代。在這樣的時代裡，必須花十年為計算單位的偌長時間才能達到，而且不會違背眾人期待的「坐禪」，確實相當珍貴。

凡事不要急急忙忙地開始進行。在進退維谷之際，就能出現認真瞭解自己的成果。

人類為了達到某種目標，且不去衡量他的能力有多高，他所持的精神與態度，將是決定成功與否的主要條件，而能力反居其次。

英國的名人史邁路斯說：「所謂最偉大的人，並非是會輕蔑日常小事的人，而是指會對那些事情表示關心並隨時自我改善的人。」

不積尺步無以致遠。不日日努力則無法達成目標。珍惜每一天，時時不忘自我改善，而持續地努力才是成大事的基本。

71. 盡十方界

有句話說：「三輪清淨布施」，意思是指布施的時候，必須先使三種東西（三輪）清淨。

這三種東西是：①布施之物，②布施者的心，③接受布施者的心。在三輪清淨布施中，①和②是自己的責任範圍，③則是他人的責任範圍。

布施行是很困難的。誠然，想要減少布施行的煩惱，只要自然地將「布施」拿出來給僧侶，而僧侶也只要以堂堂正正的態度接受即可，卻仍然會產生迷惘。

「盡十方界」是指展現生命活動的大自然。不，這不單是地球規模的問題而已，應該當成廣大無邊的宇宙整體。我們從盡十方界裡，接受多種有形、無形的布施。

也許我們自以為布施出去很多東西，但事實上我們卻接受了更多布施。既是如此，也就不需要說什麼感謝不感謝的話了。

早上太陽升起以後，不會因為人們喜歡或不喜歡而不給他陽光。換言之，所有的人都能享受到陽光。不只是太陽，周遭的一切大自然，也都在默默地對我們進行布施。

我們的生活中，有九九・九％是來自於天地萬物的布施。剩下的〇・一％，才是我們自己努力的成果。可是，人類卻經常為了這僅僅〇・一％的世界的或多或少，而引起大騷動。

對人類而言，「盡十方界」的布施是「上天所賜與的」。有鑑於此，請各位不要製造一個爭奪、貧婪、憎恨的世界。

無論如何，人總是需要有理想的。人有了理想，生活就會有目的，於是人才能有異於其它生物的成長。

英國的思想家卡賴爾說：「理想是在我們自己的心裡。同時，會阻礙理想實現的各種障礙也是在我們自己的心裡。」

人應該給自己一個遠大的理想，並且為達成這個理想努力奮鬥。

在我們努力衝破嚴酷的事實，促進自我成長的同時，希望也不要忘了理想的追求。

72. 瞎子摸象

「瞎子摸象」這則來自印度的故事，想必各位早已耳熟能詳。

不過對佛教而言，眼睛瞎不瞎並非重點所在，真正的問題在於心靈之眼是否看得見。在現實社會裡，盲眼人有時反而作出比明眼人更精確的判斷，這就是所謂的眼盲心不盲。因此，本章所指的瞎子，是指心眼看不見的人。

一頭象被牽到一間昏暗的屋內。在那兒，有一群瞎子奉國王之命要查出這是什麼東西。

摸到象腳的瞎子，說那是一根粗大的樹幹。摸到大象尾巴的，說那是一根細長的鞭子。摸到大象腹部的，說那是一面牆壁。摸到大象耳朵的，則說那是一把扇子。

因為只看到一部分的緣故，所以無法掌握事物的整體。對於這則故事，各位有什麼看法呢？

由於每個人都曾親自用手去摸，因而在討論過程中，都非常堅持自己的看法。再想想自己，我們不也經常在議論中堅持己見，以致傷害了別人或受到傷害嗎？

資訊過多，不見得就能做出正確的判斷。以瞎子摸象為例，每個人都有自己的意見，卻無法把握住整體，只是部分的正確解答而已。

我們應該要有側耳傾聽他人意見的寬闊胸襟，這就是所謂的開心眼。

有的人生性依賴，一旦失去了依靠就不知所措。

凡事下能全仰賴他人，自己的存在價值仍要由自己決定。

跟在人後學習是非常容易，不過，以同樣的步調摸索前進，其間的差距應不太大。

英國文學家強生說：「任何人都無法從模倣中超越自己。」

一個人如果沒有求進步的意念，也就等於開始退步了，雖然這種現象不是很明顯，但其後果卻相當可怕。

下一步才是真正的勝負決鬥，好好地發揮自己的實力，向前邁進吧。

生活中缺乏己見的人，有如沒有羅盤的水手，在浩瀚的大海裡隨波逐流。

73. 應病與藥

你知道藥師如來佛嗎？手持藥壺、臉上帶著微笑的藥師佛，在醫療尚不發達的古代，充分發揮了醫生的作用，藥師堂則發揮有如醫院般的功能。

如果說只要去參拜藥師佛就能治癒疾病，現代人一定會斥為無稽之談。不過，現代醫院有所謂的「偽藥」，也就是，只要讓病人相信吃下這個藥後，病情就會好轉，結果病人服用以後，病情真的好轉。對於這種現象，應該如何解釋才好呢？

也許，人類身體原本就具有能夠戰勝疾病的自然力量吧？其證據是，在我們周圍有很多藥師堂，其中不乏真的治癒疾病的例子。

現代人一生病就會跑到醫院，會到藥師堂去的，多半是連醫生也束手無策的患者。到醫院去之前，原本以為醫生一定能治好自己的病，沒想到卻帶著更加紊亂的心情回來。在醫院裡等了老半天，好不容易輪到自己時，醫生竟然只花了一分鐘進行檢查，然後就叫你回去了。

檢查的過程會不會弄錯呢？醫生開的藥真的有效嗎？……在疑問無處獲得解答的情況下，你當然會忍不住大發牢騷。

到藥師堂的人，心情多半比在醫院候診室裡等待的患者更為穩定。事實上，現代人不就只有在藥師堂裡，才能去除心靈的疲憊嗎？

釋尊的說法，是根據對方的心病狀態，給與適當的說法（藥）。所謂的心病就是煩惱，也就是配合煩惱的種類來說法。人的煩惱共有八萬四千種，釋尊也準備了八萬四千種藥，這就是所謂的「八萬四千法門」。

被陰影所覆蓋的心田，將無法增長智慧。

在此要提醒各位的是，說法是領悟的手段而非目的。此外，我們非常瞭解的說法，對他人來說也許並不是那麼容易理解。

希臘的詩人荷梅羅斯說：「生命是，即使積存再多的黃金也買不到的東西。」

一個人要喪失其健康是很容易的，可是要取回健康，卻是難之又難。

因此，維持健康是相當重要的。有一件大家都一定要銘記在心的事——人一旦因疾病倒下後，才來注重健康，就已經來不及了。

74. 喫茶喫飯

和「家常便飯」一樣，指在家中最常看到的景象，就是喝茶、吃飯。這個教誨是告訴我們，佛道修行的本質，存在於日常生活中。

很多人都以為，佛道修行是指在深山幽谷中的超人修行，事實上完全相反。和培養喝茶、吃飯這種自然習慣一樣，認識佛教本質是存在於平凡的日常生活中，是需要花點時間的。

透過日常生活瞭解佛教，這句話是什麼意思呢？以吃飯為例，一般人會說：「吃飯囉！」而老年人會說：「請用飯。」態度不好的人則丟下一句：「吃吧！」所以問題不在於使用言語的方式，而在於這個人的心態。

在「請用」這句話當中，充滿了感謝及感激眾人的幸福之念。而說「吃吧！」則讓人覺得和動物一樣。既然生而為人，最好還是抱持感謝之心，說「請用」這句話吧！另外，吃飯時的衣著也是問題。在酷熱的夏天裡，如果男的穿著汗衫短褲，

女的穿著單衣，恰巧餐桌上又有客人同席，那實在太難看了。有些人會想都是一家人有什麼關係，問題是這對較小的孩子，將會造成極大的影響。

在禪宗寺內，可以在廊下看到用來發出聲音通知行事開始的板木，其上寫著「生死事大　無常迅速」八個字。這番話意味著人的生命，可能會在瞬間結束。正因為如此，所以必須格外注重自己的心態。

人因為太在意於事情預期的結果，所以，反而會感到壓力而遲疑不前。其實再難的事只要每天持續不斷地努力，一定可以迎刃而解，因此，只要認清每天應該要做的事，全力以赴就不會有錯了。

機會有時也需靠自己去創造，假若您天天閉門等待機會的來臨，卻不知跨出腳步，接受人生的各種挑戰，那麼即使機會來到您面前，恐怕依舊渾然不知。

老子說：「千里之行始於足下。」

坐而思不如起而行，第一步不踏出去，什麼事情都不可能預期會有結果的。要緊的是，在行進中，要隨時注意前面即將走過的每一步。

腳踏實地、按部就班地做，再大、再困難的事，都可以順利並且完美地解決。

75. 隨處作主

除了你發覺這種事業的確是走錯了路徑，並且有把握可以找到另一種工作時，那麼，你就不應該三心兩意，也不要因為偶然的挫折，或對某一種工作，感到一些厭倦，而動搖自己所打定了的主意。倘若只是徬徨動搖、畏縮、疑慮……那麼，你的成功，將完全絕望。

有些上班族動不動就換工作。通常公司的規模愈大，移動範圍也愈大。有的人甚至認為，不常常換工作就無法出人頭地。時至今日，換工作的範圍已不僅限於國內，而逐漸形成跨國的傾向了。

有一次參加同學會，有人宣布他馬上就要調到國外了。此人剛買了房子，想不到如今要遠赴國外。除了新買的房子不住卻仍需按期繳納貸款以外，為怕影響孩子考試的成績，他只好自己一個人走馬上任。

上司為什麼會派他去呢？不在的這段日子，國內會演變成什麼樣子呢？他自己

也不得而知。對於同學這種依依不捨的心情，使人有些離傷。

禪語有云：「隨處作主、立處皆真」。在任何場所、任何時候都能清楚意識到自己時，那麼在這個場所、這個時候，就是佛教的真理。

人生的道理，並非全是平坦的康莊大道。前輩們早就說過，人生有山有谷，有苦有甘。也許會遇到許多悲歡離合，也許會迭遭挫折，但不論如何，都必須靠自己逐一克服這些障礙。

在脆弱地想要吐露心聲的同時，別忘了要去瞭解自己的人生。畢竟，正如釋尊所言：「自處自燈明」，最後能夠支撐你的，還是只有你自己而已。

支撐人生的「支柱」，就是「隨處作主」的心意。在人生的分歧點上進退維谷，或是好不容易選定了一條道路，卻在走到一半時發現另一條路可能比較輕鬆時，內心的痛苦可想而知。

但這一切都是自己想像出來的。人就是這樣，一旦不能確定自己所選的道路是最好的，心中的陰霾永遠無法一掃而空。

人生要面對現實，注重真實的現在、做實際的事，不要存有幻想。

76. 降魔成道

這句話是指釋尊領悟時的那一瞬間。因為，降「魔」與領悟是在同時發生的。「魔」一般是指普通的惡魔，也就是在恐怖電影裡經常看到的妖魔鬼怪。不過佛教所謂的「魔」，卻是指與神同屬一類的「天魔」。

佛典中記載，魔王對於下定決心「我未得到正覺以前，絕對不從這個座位上站起來」的釋尊，不斷地加以阻撓。

首先送來三名美女，企圖以美色誘惑釋尊。然而在接近釋尊以後，這三名美女都變成醜陋的老太婆。

接著魔王又告訴釋尊，不論是財富、名譽或權力，只要是釋尊想要的，他都可以給與。對人類而言，這無疑是最大的弱點。例如，公務員只為了些許賄賂，不惜以身試法；候選人為了在選舉中獲勝，不惜花大把、大把的鈔票買票。經由傳播媒體的報導，幾乎每天都可以發現到人類的弱點。

而釋尊卻捨棄了這一切，成為出家人，雖說只是小國，但他畢竟曾經貴為印度釋迦族的太子。在一般人看來，釋尊能夠生為太子，實在是一件非常幸運的事情。

最後，魔王派出一支軍隊來攻擊釋尊。不料士兵手中的刀卻自動折斷，連一支箭也射不到釋尊。

關於魔王的出現，我們又作何解釋呢？一般認為，這是指釋尊內心的糾葛。修行，努力的人，經常會有誘惑圍繞在身邊。

人，誰都有想要能更舒服地享受人生的心情。可是光是這樣地幻想，人是永遠不會進步的。惟有努力去克服一切的不如意，人才能真正的成長。

美國詩人霍曼曾經說：「惟有曾歷經過冰霜者，惟感陽光的溫暖；惟有受困過人生的苦惱者，惟知生命的尊貴。」

用不著逃避苦惱，而把一切的苦惱都認為是為了鍛鍊自己的考驗，而積極、果敢地擔當起來，這才是最重要的。以天將降大任於我的自負，接受一切環境的挑戰。

只要越過一切勞苦的關卡，就能享受到真正的愉悅。

77. 以心傳心

當先生想要喝熱茶的瞬間，妻子會適時端給先生，而先生的內心感動，卻無言以對，以致避重就輕地表示感謝時，妻子會說一聲「得了，什麼都不必說了。」與先生的心境互相呼應著。

在這樣的時刻，常使用精神感應的洞察力，也就是「以心傳心」。

禪宗常說：「不立文字，教外別傳。」佛教的真髓，並不是用腦筋就可以了解，更何況只是照樣模仿師父的語言或行動，根本無法加以掌握。

「以心傳心」即是針對佛教的精髓和奧義，離開經典或是師道的直接傳承處而傳達。

在禪宗中，直傳釋尊教義的是摩訶迦葉。從此，以師資相承（資是指弟子）傳教，而從遙遠的印度，來到中國的達摩大師，則被認為是禪宗的始祖。

尤其在禪宗的師資相承中，特別強調如從同一個容器，到另一個容器，一滴不

漏地將水移轉，由師父傳給弟子佛教的真髓。

如此看來，佛教的始祖釋尊，因為領悟而成佛，其鉅細靡遺，由師父傳給弟子的最低限度，是佛陀的心得，甚或是佛陀本身的心境。

所以，比起其他宗派，禪宗最重視「頓悟」。

也就是說，既然是因領悟而成佛，那麼依師資相承的道理，一個佛接一個佛，接二連三地出現佛陀的意思。因此，在禪宗中，以心傳心又稱「以佛傳佛」，亦即表示從此佛到彼佛的意思，具有十分清新的意義。

要將自己的意思傳達給對方，通常有兩個要點。

第一、要讓別人瞭解之前，自己必須徹底的瞭解。

第二、要懂得如何配合對方；考慮以何種方式來表達，才能使對方接受。

如能體會以上兩點，且加以妥善運用，那就是個說服力很強的人。

人類的溝通，貴在瞭解，在瞭解別人之前必須先瞭解自己，而要求別人瞭解時，先要自己去瞭解，此乃邁向人生旅程的第一步。

留一些空間給自己和別人，凡事不要執著於自己「對」。

78. 三界唯心

三界是依佛教的宇宙論而來，係由慾界、色界、無色界等三界所形成。

慾界在最下層，具有地獄、餓鬼、畜生、阿修羅、人、天等輪迴六道。同時，也包括帝釋天、六欲天及會吵架、也會嫉妒的神祇。

在其上方，有微妙物質所形成的身體。若能擺脫慾望的十七天，由下往上層走，其所存在的就是色界。

而更上方所存在的，是無一物質生存，而是禪定境地的無色界。

所謂色界和無色界，可能各位並不太了解，但我們可以簡單地說，三界就是我們所住的世界。

「三界唯心」的意思，即三界是由心所形成的。

如果說，我們身處之地的人、樹、山、川、海、花、日、月、星等，一切都是由心所形成。這句話對各位而言，或許會感到莫名其妙。

若說對於這世界的看法，係因人而異，或許我們就可以了解。可是，「三界唯心」並不是這種意思，它不是意味著嚴然存在的世界，而是意味著這世界由自己的心所造成。

那麼，是否即意味自己乃創造世界的神呢？其實也並非如此。而是如《華嚴經》「八十華嚴」內的「大地品」中，所出現的「三界所有唯是一心」的簡稱。也有人稱為「三界唯一心」。

其中，又以《大乘起信論》之「三界虛偽唯心所作」這句話，比較容易令人了解。根據這句話，三界中之一切存在者，都是如夢幻般的假象。至於，到底是誰造成如此假象呢？不是別人，而是自己的心所形成。

一個對任何事都覺得索然無味的人，常說沒有足以令他感興趣的事，但事實上這應該是說，他已經喪失了對事情感興趣的心。

換句話，就是感受性已經變得遲鈍，心靈也已自我封閉。這毋寧是一種「心病」。

要想克服這種心病，就必須設法讓心靈活性化起來，建立歡喜心。

79. 怨親平等

你允許怨敵危害自己，而不會對他心生怨憎嗎？

所謂「怨親平等」，就是以對待自己所親愛的人的方式，來對待怨敵。

佛教徒所努力要達到的目標，就是怨親平等。每個人都知道怨親平等的道理，但是，當看到自己所怨憎的人出現時，實在很難以對待自己所愛之人的方式來對待對方。

昔日在印度有個小國遭到鄰近大國的侵略。小國被滅之後，國王被綁赴刑場處死。臨刑之前，國王告訴他的兒子：「不見長、不可短，怨恨會因消失而平靜下來。」王子從九死一生中被救了出來。之後，他的整個人生似乎只為了復仇而活。他千方百計地接近大國國王，贏取對方的信任。有一天，國王帶著他到山間打獵。或許是太累了吧？國王居然枕在王子膝上睡著了。

這正是為父復仇的大好機會。王子拔出刀來，抵住國王的脖子正準備刺下去

時，突然想起父王的遺言，於是變得猶豫不決。國王醒來以後，王子將往事和盤托出。國王深受感動之餘，不僅赦免了王子的罪，還讓他返回故國，至此兩國間的仇恨一筆勾銷。

對於「不見長」一語，釋尊的解釋是不要一直將仇恨記在心中，「不可短」則是不要因為急躁、缺乏耐心而破壞了友情。

對一般人來說，要「壓抑憤怒」是很困難的。當年在舊金山會議席上，佛教國斯里藍卡的代表，就以「怨恨不會因怨恨而停止，怨恨必須藉著怨恨消失而消失」，這番話為戰敗國日本辯護。

羅馬的喜劇作家密魯士說：「待友之道，暗中勸戒而公開稱讚他。」

一般經常可以見聞到的情形，卻都不是這樣。有些人不但眼見友人一再犯錯而默不作聲，甚至會在公開的場合大肆批評自己的朋友。

如果是真心在關心自己的朋友的人，一定不會這樣做的。因為自己是他的朋友，所以就更應該下定決心，給他忠告。這一切都是為了要讓朋友變得更好的緣故。

80. 言語道斷

「言語道斷」這句話，表示不能依靠真實而加以把握之意。其實，「言語」和「道」，是同樣的意思。但此處的「道」，是開口說出來的意思。

也有人說，「言語道斷」應被解釋為「言語的被切斷」，比較容易理解。就語義來解釋，這種說法並不正確。但這句話所要表達的，仍是十分清楚。自此而後，再也沒有任何語言之道能說得如此美妙。

知識、思維及語言，有著密切的關聯。我們所處的狀況，變化多端，必須能加以判斷、思維，然後才能開口說、寫及行動。

可是，佛教界（不僅是印度人的一般想法）認為我們的日常生活行動，又分為求（取）的行動、避（捨）的行動，和無關心中立的行動三種。

何謂求的行動呢？它是以慾望（貪）為動機的行動。至於，避的行動呢？它是

以嫌惡（瞋）為動機的行動。

也就是說，不論我們是否已意識到，我們都因受到最根本的煩惱之影響，而採取了行動。

由於生活常受煩惱的影響，以致經常面臨四苦八苦等苦惱。

現在我們來研究這種痛苦的根本所在，看它是否需要加以判斷，或是因說話所造成的原因。

不論其是否要做判斷，或用語言來表現時，最低限度都要先將事物賦與二元對立的觀點。因此，我們都以善惡、大小、高低、男女、自他、美醜、親子等二元對立為前提。

離開痛苦的生活，想擺脫痛苦世界的結局，就必須離開二元對立的世界。若脫離痛苦世界，在涅槃寂靜的世界中，必然能超越判斷與言語。因此，它是在「言語道斷」彼岸的世界。

常聽到「言語道斷，心行處滅」這句話，意思是指心已經沒有心的作用，才能進入真實的世界，其與「言語道斷」之意相同。

81. 貧者一燈

這是發生於釋尊活躍時期的古印度的故事。

有一次，釋尊為了說法來到城鎮。人們在高興之餘，紛紛點亮萬燈進行供養。

一位貧窮的老婆聽了這件事以後，也想為釋尊獻上一燈。於是她四處乞討，然後帶著乞討所得的微薄金錢，來到油店裡買燈油。油店的老闆問她：

「妳連明天吃飯都成問題，為什麼要買燈油呢？」

老婆婆表示自己雖然窮，卻很想為釋尊奉獻一燈，所以才四處乞討金錢前來買油的。聽到這番話後油店老闆非常感動，於是決定為老婆喜捨。

當天，在眾人的萬燈都滅了以後，只有老婆婆的一燈仍然亮著。

「富者的一燈比不上貧者的一燈」，這句話的意思是說，即使採取相同的行動，也必須看背後的努力來決定其價值。換言之，結果並非一切，獲得結果的過程才能展現其真正價值。

眾人的燈油隨著時間消逝而耗盡，只有老婆婆的油因為分量較多，所以能夠堅持到最後。雖說這是油店老闆對老婆婆的喜捨，但他為什麼會做這種喜捨呢？請各位好好想一想這個問題。

在「貧者一燈」這個故事中，任誰也無法忽略油店老闆的存在。

同理，對於我們的努力，一定有從旁鼓勵的人。對我們的努力，一定有發出共鳴的人存在。

沒有力量的人，只要盡了力，結果並不會輸給有力量者。

一個人成就的高低，畢竟只是一種結果而已。處世最重要的是，如何獲得這個成就的過程，也就是在這個過程中到底做了些什麼事。

如果只是在意著結果，任意地對自己下評斷，往往就會使自己喪失掉對工作全力以赴的精神。不管如何，人應該每天都氣力充實地過活才對。

日本淨土宗的祖師法然說：「其身愈是卑下者，其心愈富有。」

重要的是自己的心境如何，並不是自己現實境遇尊卑為何。

一個沒有氣力、沒有意慾的人，不論做什麼事都是毫無意義的。

82. 柳綠花紅

元覺岸寶州的《釋氏稽古略》中，說「秋來山寒水冷，春來柳綠花紅。」

這句話與「色即是空」、「生死即涅槃」的意思相同。

在這世界上，有各式各樣、不同的人、事、物存在。

首先，有自己、也有他人，有出生、生病、死亡，有結婚、離婚，有山、川、日、月、星辰，有文件處理機、作者，有出版社、印刷廠，有書店、讀者，有暢銷書，也有買了書後，讓人覺得划不來而很生氣的。

總之，這世界充滿了各種的人。

雖然，在這多樣化的世界中，我們有各人的想法、慾望、厭煩、情愛、憎恨等，而在煩惱的迷海中生活。

在佛教的立場來看，所有的迷惑與痛苦，都是因為分別所造成。

佛教認為，要斷絕一切分別，就必須站在「空」的境界。因為在這世上，真實

並不存在，連思想、語言等都不存在。若能領悟這個道理，才能了解色即是空、空即是色的意境。

換句話說，即是「真空妙有」。意思是說，只要確實領悟空的意義，才能了解世上並無分別、執著的現象，也才能看透一切。

在禪宗中，「柳綠花紅」是特別有名的，另外能與此語媲美者，則是「眼橫鼻直」。

所謂「眼橫鼻直」，是指「眼睛是橫向的，鼻子是直立的」，表示這是極其自然又理所當然的事。

想要達到此心境的人，在身心兩方面，都要達到禪語所說的「任運自在」與「任運無作」之境地。即是說，一個人能順其自然，心中無任何分別之念，也就不會有任何執著的狀況。

這種境界就是「開悟」，同時連「開悟」這件事，都不曾想到過。

人假若不曾辛苦的工作，也不會瞭解何謂休息。所謂的休息，必需要由辛苦的勞動中，才能使他顯出意義來，也才能體會其中的喜悅。

83. 廓然無聖

「廓然無聖」是達摩大師的一句名言。

相傳熱愛學問的武帝，對於弘揚佛教一向不遺餘力。就在這個時期，達摩大師將禪由印度導入中國。

武帝和達摩大師曾經有過一番問答。

「我建造寺廟、抄寫經文、培育和尚，這麼做有那些功德呢？」武帝問。

達摩大師的回答是：「無功德。」

武帝聞言大吃一驚。無功德？那豈不表示以往所作的一切全是空的？這一點他當然無法接受，於是繼續問達摩大師：

「那麼，最高的真理是什麼？」

「廓然無聖（不執著於任何事物的自由心）。」達摩大師如此回答道。

結果，武帝還是無法瞭解達摩大師的真意。

人經常會執著於事物而生活著。像武帝建造很多寺院，也是一種執著的表現。至於一般人，則會執著於自己無法擁有像武帝那樣廣建寺廟的財力。

一旦擺脫執著，會出現什麼情形呢？首見是出現「像」這個字眼。具體地說，就是孩子像孩子、父親像父親、母親像母親。

不要老是想著自己在累積功德，只要集中全力去累積功德就可以了。

日本的文學家三宅雪嶺說：「把明明會做的認為自己做不來，結果一定做不成；一件根本沒有把握做成的事，但就因為自己堅信可以完成，結果真的會順利完成。」

不要一開始就認定自己無法勝任，凡事應該盡全力積極地去嘗試看看。

老子說：「慎終如始，則無敗事。」

不能貫徹始終是造成失敗的最大原因，有多少人在接近成功的彼岸時，因志得意滿，而大意失荊州。或者到最後的關頭，卻意興闌珊，而功虧一簣。

如果能把一開始的衝勁與氣魄，堅持到最後一秒鐘，那麼，能一帆風順的開始，也必能漂漂亮亮地抵達終點。只是克服人性的弱點，並不是件容易的事。

84. 鐵鎖金鎖

「心」的反應會在臉上呈現，而臉與軀體又是密切相關，所以「心」的反應會在全身呈現。也就是說；從頭到腳，一個人的「心」都無所遁形。

某間寺廟的住持於傍晚時分急急忙忙地想要趕回去，沒想到當他來到一家豆腐店門前時，腳下的鞋帶突然斷了。就在他感到不知所措的當兒，豆腐店的老闆趕緊扯下頭上的包巾，幫他把鞋帶綁好。住持仔細檢查過鞋帶以後，就急急忙忙地趕回寺廟去了。

這件事不久就傳開了。

「那個和尚真是太沒禮貌了。人家對他那麼親切，他居然連聲謝都不說。」

住持也聽見了這項傳聞。「什麼？豆腐店老闆只想要我向他道謝嗎？我還打算一輩子都不會忘記這件事呢！」

豆腐店老闆看到別人遭遇困難時挺身相助，也許只是在無心的狀態下表現了親

切。然而經過一段時間以後，這種表現親切的行為，卻一直縈繞在他的腦海中揮之不去。

這個故事告訴我們，對人親切固然很好，卻不可執著於表現親切這件事情上。人類在各方面都很容易陷於執著。而禪的修行，則是必須向捨棄執著挑戰。甚至連領悟也是一種執著。

「鐵鎖」是被迷惘捕捉的心，「金鎖」則是被領悟捕捉的心。

我們知道鐵鎖若不好好照顧，就會生鏽，因而認為金鎖比較有用。事實上，不管是那一種鎖，都是束縛的工具，會妨礙修行。

雖然帶著鎖卻擁有不執著於鎖的心，這一點非常重要。

換言之，對他人表示親切是好的，卻不應抱持要求回報的心態。從「鐵鎖金鎖」這句話中，我們學習到不執著於事物的心。

人世間的名利權勢猶如白晝的喧囂，轉瞬即逝，而短視的凡夫，卻誤以短暫的聲聞富貴為永世不磨的東西，如蠅附羶，苦追不已，最後落得身心俱疲，招來無窮煩惱。

85. 萬法歸一

對禪感興趣的外國人，很喜歡「圓相」。返國之前，他們會拿著紀念色紙要求揮毫。每當問及要在色紙上寫些什麼，他們總是回答：「請寫圓相」。是不是因為老外不懂得中文，才會這麼說呢？當然不是。如果是因為喜歡象形文字，那麼畫三角、四角也可以呀！

可能是因為在整體表現中，最能感受到的就是「圓相」的感覺吧！尤其是在坐禪中，這種感覺更為強烈。

圓相並不在頂上。即使是在頂上，也可能會一百八十度旋轉而變成在最下面。而且不管那一部分都會保持圓相，不會有任何欠缺。

在白紙上用力畫下的「圓相」，表現出佛教所具有的平等觀及「共存」的世界。

「萬法歸一」指的就是這種圓相。達到一道的人，同時也是人生的達人。

據一位資深棒球國手說，一個正值顛峰時期的球員，投手投出的球在他眼裡是靜止的，因而能夠輕易地把球打到沒有人守備的位置形成安打。只是要想達到這個境界，就必須毫不怠惰地不斷努力。

請你暫時忘卻自我，做一些大事吧！這些足跡將會成為珍貴的財產。不管在任何世界，出發點都是努力去做。

在成功者的周圍，總有一些帶著欣羨眼光的人。

任何人都想成功。但是，在朝成功邁進的過程中，卻鮮少有人抱著充實感、滿足感去從事自己的工作。

其實最重要的是，每一天都帶著滿足感完成工作。

法國的哲學家阿蘭說：「不是成功才滿足，而是滿足了才算成功。」

滿足，是使人快樂的最主要因素。每天的工作都做到自己滿意的程度，如此持之以恆，一定會有好的收成。

假若回顧之際，內心充滿成就感，那麼，就可慶幸擁有了最美好的一天。而為了永遠感受這份喜悅，就需永遠保持一份勤勉奮鬥的精神。

86. 覺者安眠

有人問釋尊：「昨晚睡得好嗎？」釋尊回答：「領悟者遠離一切貪婪，心靈安詳，在任何地方都能睡得很好。」這就是「覺者（打開領悟之門的人）安眠」這句話的由來。

每天都能安然入睡的人，根本無法體會失眠的痛苦。

在唱片行或書店，可以看到各種標榜能夠促進睡眠的錄音帶和書籍等。由此可見，因失眠而煩惱的人還真不少。

基本上，這些聽起來很舒服的音樂，和重複著「你很想睡、很想睡」的催眠術沒有兩樣。不過，這些東西真能使人入睡嗎？儘管如此，為失眠所苦的人卻煞有介事地聽錄音帶、看書。

隨著社會日趨複雜，精神壓力不斷地積存。如果肉體也能疲勞就好了，可惜身體卻十分輕鬆。結果導致壓力愈發增加。

在本山修行的雲遊僧，沒有人因為失眠而煩惱。對一整天不停活動、肉體極度疲勞的他們而言，能夠躺在床上睡覺實在是一大樂事。附帶一提，雲遊僧生活的規範，就是「充分勞動」。

一般社會大眾也認同「盡情玩樂、盡情勞動」這句話。所謂「盡情」，就是指集中全力。大多數人不論是工作或玩樂，都是屬於「腳踏兩條船族」。也就是工作時想著玩，玩的時候又想著工作。很多學生喜歡一邊聽音樂一邊唸書，這樣怎麼可能會有效率呢？所以，他們會因失眠而感到煩惱也不是不可能。

技術可以傳授，但精神面的教育卻不是一件容易的事。

德國的哲學家弗伊巴合說：「所謂人生，是精神的生殖作用。」要鍛鍊使精神向上，必須要有堅強的自我意志。燃起意慾，積極地面對工作的挑戰，人生應該就不會有空虛之感。

若是覺得空虛，就應當反省檢視自我的精神狀態，去呼吸一下新鮮的空氣。

一個人成功與否，端視其有無不屈不撓的意志力，就大概可以瞭解了。因為縱使會有許多外來的阻力，但人類意識的偉大，更是不可思議的。

87. 安樂法門

道元禪師曾說：「坐禪是安樂的法門。」換言之，坐禪是法門當中，最快樂的修行法。當然，你不能因此而認為它是「安樂的坐禪」，而在坐禪期間頭腦一片茫然或打盹。

釋尊是為了追求人生最終的道理而出家，且歷經六年的肉體磨練，過著苦行生活。但在苦行之後卻什麼也沒有得到，於是放棄苦行生活，來到菩提樹下坐禪。誰知僅經過短短的一週，就得到了領悟。釋尊領悟的這一天，即所謂的成道會（十二月八日）。

藉著坐禪獲得心靈的平靜，這就是安樂法門。

其後坐禪經由道元禪師而變得更加純粹化。正如道元禪師所說的：「坐禪並不是獲得領悟的手段，坐禪本身就是一種目的。」

一般人經常會將他人所賦與的工作，視為得到什麼的手段。例如，工作能夠得

到金錢、用功能夠得到好成績等。這種發想，只有在喜歡爭奪勝負的世界，即佛教所說的「修羅」世界才會出現。將他人交付的工作按時完成，不在意他人的看法，或許正是悟道的捷徑。

只有把坐禪當成一種目的，才是真正的「大安樂法門」。

或許有很多人都會做中彩券夢想吧！不過，假如真的運氣亨通中了高額的獎金，這些獎金是否真的能為他帶來幸福的人生，這可就難說了。

這種不勞而獲的東西，通常都是無法留得住的。甚至有時這種錢往往也會使得到它的人，其人格發生改變。

羅馬的劇作家錫爾斯說：「一個突然暴富的人，無庸置疑的，他已開始遠離善良人類的族群。」

不勞而獲大財的人，最後其對金錢的感覺一定會變得錯亂，也不再有勤勞的意慾，整個人生的原則都會逐漸偏離正道。

唯有靠自己的努力和勤勞而賺來的金錢，才會促使個人勤勞的意慾，讓我們認識到金錢的價值。

88. 涅槃寂靜

「涅槃寂靜」是佛教的理想境地。

所謂涅槃，是指「火吹熄的狀態」。當人類心中燃燒旺盛的煩惱火焰消失時，即稱為涅槃。

釋尊將煩惱火焰分為「貪、瞋、痴」三種。

貪指「貪婪」，瞋指「憤怒」，痴則是「愚昧」。

這些火焰一旦消失即為涅槃。換句話說，涅槃是指煩惱火焰消失後的寧靜境地。

當我們生氣時，即使他人提醒注意也會充耳不聞。對於所看到的一切都會覺得無趣，進而更加生氣。究其原因，是因為用憤怒的眼光來看一切的緣故。值得注意時是，這憤怒的火焰會轉移到他人身上。

換言之，憤怒會傳給與憤怒原因無關的第三者。這就好像引發大火的原因，可

能只是一根火柴一樣。

因此，在釀成大火之前，必須趕緊撲滅煩惱的火焰。只要捨棄一切慾望，就能脫離迷惘、痛苦。

捨棄「一切慾望」的狀態，稱為「寂靜」。心中不再存有慾望時，自然便能恢復寧靜、安定。

人真的能夠到達「涅槃寂靜」的境地嗎？對過著家庭生活，以社會一員身分從事活動的人來說，是絕對不可能的。

所以佛教鼓勵「出家」。藉著出家，即可切斷「一切慾望」。在人際關係的包圍下，是無法瞭解「涅槃寂靜」之心的。

蘇俄的作家戈利基說：「會覺得工作是快樂的人，其人生是極樂世界，認為工作是一項義務的人，其人生將宛如地獄！」

認為做工作是一件不得已的事，這種人一定不會得到好結果，也缺乏意慾。

找出工作中令人喜悅的地方和其嶄新的價值，全力以赴，才能得到成果和充實感。使人生的旅程充滿歡欣。

89.「照顧腳下」

南北朝時有個僧侶問覺明禪師（三光禪師）：「什麼叫做祖師西來意？」（什麼是禪的精髓）

據說覺明禪師回答說：「照顧腳下。」

所謂「照顧」是關照顧慮的簡稱，小心注意的意思，所謂「腳下」也叫做腳跟下，是腳下方的意思，這句話是表示「要注意腳下」。

覺明禪師想以「照顧腳下」來表示「所謂禪的精髓，大家都向遙遠而高的地方追求，卻不知道腳下才是禪之真髓的正中。」說明佛道是在日常一舉手一投足的現場。

以人生來比喻也是一樣，要點是兼顧自己所站的腳下，表示不看上方而看下方，這樣反而能看清楚上方。

人在行走時容易忘記自己的腳，有時會跟著潮流走，或是跟在他人後面走，變

成腳不著地的狀態。

遇到這種情形時，首先必須站住仔細考慮現在自己所處的位置，是為了那種目的在走，使用那種走法，以確實的步調自覺人生。

以常理理解「照顧腳下」這句話，也是非常有意義。

禪的修行者認為坐禪必須經過某一種神秘的體驗，然後進入省悟的世界，有些人追求這種目的，但所追求的本心，就是追求的目的。

「照顧腳下」這句話是警告我們不要只看上方，而忽略了腳下的意思。

要下定買房子的決心，確實是需要相當大的勇氣。

不過，也有許多人嘴巴說付不起貸款，但每個月所浪費在購買其他東西的錢，往往都已超過付貸款的數目。

法國的詩人拉凡提爾說：「事在遠處時，經常會令人感到恐怖，可是一旦事情逼近時，卻又不見得如此。」

人往往不會因為不要房子而他的儲蓄就會增加。買房子絕不是一件遙不可及的事，最要緊的是，有沒有要買房子的決心和勇氣。

90. 諸法無我

所謂「諸法」，是指「各式各樣的法」。

什麼是「法」呢？這是梵文Dharma的意義。大體而言，是指「因……而成為……」的意思。

由於如此，故其意思相當美妙。

一、規範、義務。吠陀教派在初期，認為包含人世間的宇宙一切，都擁有必須遵守的天則，而由「水天」成為此嚴格規則的管理人。

二、正確的教示。這與第一項的規範、義務，大略相同。不過，釋尊等所說的正確教示，卻在佛教中常常使用。

在古代，「佛教」多半稱為「佛法」或「佛道」。這個「佛法」的「法」，就是Dharma的第二個意思。

三、屬性。是以「因……成為……」的觀點來看。例如，使白牛成為白牛特徵

的白色牛性。在此，這屬性的特徵稱為「Dharma」。擁有此特徵者，就稱為「具有Dharma的（基體）」，這在論理學中常被應用。

四、事象。它是形成我們這個世界的要素，可以說是佛教的專用語。

「無我」的「我」其梵文為Ātaman，是「自我的本體」、「本來的自己」的意涵。

一般是指自我或輪迴的靈魂等。可是，根據優波尼沙土等所記載，在獲得真實的智慧後，阿陀曼會與「我」及宇宙根本原理的「梵」成為一體。

任何工作都有它的風險。若只擔心其風險或成敗如何，什麼也做不成。最重要的是，要有信念、勇氣及希望。面對任何事時，必須經常目標朝向好的結果，勇往前進才是。

德國的宗教改革者魯塔說：「希望是強大的勇氣，是嶄新的意志。」

若是一開始就放棄希望，而以悲觀的態度處事時，能力所及的事也變得一竅不通。因此，一天結束之後，虛心的反省自己所作所為。如對自己的工作不滿意，就應警惕自己，明天不可再犯同樣的錯誤。

91. 即身成佛

「即身成佛」是指「在有生命的狀況下成佛」的意思。那麼，這是否意味著那些活的死人，或是行屍走肉者呢？其實並不盡然。

「即身成佛」是密教中的佛語，係以弘法大師空海所創立的真言宗為最終的目標。

根據大乘佛教的想法，一切有生命者，都具有成佛的素質，亦即具有佛性。所以，稱為「一切眾生悉有佛性」。

這種想法更推展下去，則成為「草木國土悉皆成佛」，不只具有生命者才有佛性，連那沒有生命（在古代的人都這麼認為）的草木大地，都能成佛的意思。

在古代修驗道僧中，即身成佛的人相當多。但是，主要是指那些經由漸進修行後，其本身進入土窖，一面三密加持而死並變成木乃伊的人。這並不稱為「死亡」，而是「成為活佛」。

有些人經常會自嘆才能不及別人。

在最初，人彼此的能力是不太可能有差異的。即使就算是真的有差異，其差距也是不會太大。如果彼此之間真有很大的差距，那應該不是彼此的才能，而是彼此的努力意識。

美國的發明家愛迪生說：「天才是百分之一的靈感和百分之九十九的努力。」換句話說，人是依據既有的成果來賦與某些人天才或發明家的稱號。對於那些人之所以能有那些成果的過程，反倒是不去在意。事實上，在那些過程中都是充滿著努力和汗水的。

世上的成功者，往往因他們成功時的耀眼燦爛，而使一般人忽略了他背後的艱辛，甚至誤以為他們的榮耀是輕易得來的。

在讚賞別人成功之際，您不難聽到這樣的評論：「那個人相當聰明」，或「他運氣真好」。

真的只是這樣的嗎?聰明加上運氣就能成功嗎?這種說法對那些嘔心瀝血的奮鬥者而言，豈不是太不公平了?

92. 表面虛假

有人說：「垃圾是文化的象徵。」文化都市？看著市區內每天堆積如山的垃圾，有人認為這才是真正享受豐富的生活。然而對住在鄉下的人而言，這種景象實在令人觸目驚心。

許多鄉下孩子來到嚮往已久的大都市過起大學生活以後，才發現所見所聞都和自己所想的不同。都市所提供的，不是繁榮、富裕的生活，而是難以居住的環境。

事實上，垃圾並非文化的象徵，而是造成公害問題的原因。有鑑於此，很多人都提倡資源回收的作法。不過，現在就算採取回收的作法，恐怕也已經來不及了。那是因為，有些人認為根本原因在於居住空間狹窄。

居住空間一旦狹窄，很容易就會出現東西堆積如山的景象。尤其是，人都有追求流行的傾向，什麼東西正在流行，就會不顧一切地買來。而便宜、方便等理由，也是刺激購買慾的一大助力。有了新的東西，當然必須把舊的處理掉。因此，在堆

放垃圾的路旁，經常可以看到許多還可以使用的東西。而且很少有人會把這些東西撿回家，因為他們自己的家裡也已經塞滿了東西。

看到龐大的垃圾山會感到心痛的人，是屬於精神仍然健全的人。如果不會感到心痛，那就表示他的富貴病病情已經相當嚴重了。

佛教認為，一切生物都具有成佛的性質（一切眾生　悉有佛性）。此外，他們還認為草木、石頭也能成佛（草木國土　悉皆成佛）。

而今人們卻奉行用舊即丟的信念，有朝一日甚至連「父母」也會被丟棄……。

幸福，是人們經過一連串的灌溉經營，才得到開花結果的豐收。而不幸呢！它不是突然來的，也是人們一手培育出來的。

德國的作家海德拉說：「平凡的人生才是真正人生。唯有在遠離虛飾、特異的地方，才能找到真實。」

因此，要緊的是隨時保有向上的心，腳踏實地的努力。

人生努力的目標並不在於追求富麗堂皇的人生，而應該是腳踏實地，內涵充實的人生。一切外表的裝飾，一點也不需要。

93. 因果報應①

「因果報應」的想法，是佛教教義的根幹。

凡事有結果必有原因。想要得到好的結果，就必須努力撒下好的種籽。

從事農耕的人，最能從實際體驗當中瞭解這個道理。

但，現在從事農業的人已經非常少了。

所以，很少人能夠真正享受到播種、收穫的樂趣。

就算不是從事農耕，也可以從感覺上正確地體會「有結果必有原因」的道理。只可惜一旦遭遇苦難或悲傷，就會產生誤解。

對降臨自己身上的災難，如果充分瞭解原因，自然就能保持冷靜。反之，如果怎麼想也想不起原因，就很難保持冷靜了。

到了最後，往往把一切歸咎於鬼神作祟。「問神的結果，說你是被鬼神作祟，一定要誦經供養。」

對於人生中所遭遇的悲苦，應該要如何處理呢？

冬天在山上遇上了山難，千萬不要茫無頭緒地到處亂闖，而應該挖個雪洞待在裡面等待救援，才是保命的秘訣。因為在大風雪中奔走，會導致體力大量消耗，結果可能因而送命。

「為什麼又失敗了呢？難道我天生注定就是一個倒霉鬼嗎？」

有些人在遇到挫折失敗時，總是會強調自己是一個運氣非常不好的人。

一個結果的形成，必定有其相對的原因。如果不找出原因，改正錯誤，則不管再怎麼做，都不可能得到好結果的。

當然，不可能有人完全滿意自己的工作，但是，卻常要妥善處理不滿的情緒，否則一不小心，就會有出人意外的結果。

希臘的詩人威利畢迪斯說：「縱然你對命運吶喊、抗議亦是徒勞無益，因為命運是耳聾。」

只會將一切失敗歸罪於命運的人，是絕對無法突破現狀再造新機。唯有究明失敗的原因，檢討有效的對策，而在下次的行動中應用出來，才是最應該的作法。

94. 因果報應②

「因果報應」是人群談話中，常聽到的一句話。

例如，「祖上無德，生的子女毛絨絨。」意思很簡單，就是說做壞事者，必有惡報。

因果報應是指善行（善業）有樂果、惡行（惡業）有苦果，故又稱善因樂果、惡因苦果。

它和輪迴轉生的想法，是表裏一致的。一般來說，今生的善業，會帶給次生快樂的境涯。反之，今生的境涯不成體統，那麼前生必有惡業，才會造成今之惡報。

業又分成三種，即「身口意三業」：

一、身業——那是眼睛實際看得見的身體力行之行為。

二、口業——那是屬於誇獎別人，或是數落別人的語言表現之行為。

三、意業——雖然在心中這麼想、那麼想，但也不會顯露在表面上，只是既然

已在心中「起作用」，也可以說是行為。

然而，行為若在當場就消失不見，果真這樣就結束，那麼做了好事，或做壞事，又有什麼差異呢？

因此，又想出以眼睛看不見的方式當作潛在力，黏附著靈魂（它到底是什麼，各教派有不同的見解），而被累積下來。有時叫做「潛態業」，對那些喜歡分類的印度人，可能也認為麻煩，故用單一個「業」字表示之。

另外，善、功德和善業是同義的，而不善、惡、罪障和惡業亦被視為同義。

關於業的種種，一時也說不完，所以就把焦點集中在業會帶來什麼樣的果報。

如前所言，業的苦樂有因果關係。當然，業是原因，苦樂是結果。但此時的因果，和捏一些黏土做素燒的水缸，或用牛乳做各種的乳酪製品，在意思上有所不同。

業就是業，苦樂就是苦樂，互不相同，幾乎是石與水之間的差異。

如果說業是從苦樂而生，那麼地上到處可見的石頭，也可以形成一個池塘，讓魚兒暢遊其間。這種道理相當正確，決不是歪理詭辯。

本來，因果報應應該是一句勉人自己建立未來的話，與宿命論無關。

縱然今生今世，不可能領悟，至少來生，也要獲得一心一意修行的境界。我想這就是佛教原本之因果報應教義所在。

再說，有「自業自得」這麼一句話，就是咎由自取的意思。本來，因果報應也是以咎由自取為原則。

在另一方面，也有以業（特別是善業）可轉移到他人的想法。

既然每個人都無法避免不幸的經歷，為何人生際遇仍有很大的懸殊呢？這差別就源於衡量不幸遭遇的眼光，體驗的心情，以及處理的方法。

一個言行誠實的人，因為自覺有正義公理為之後盾，所以能夠無愧作，無畏縮地面對世界。他有「自反而縮，雖千萬人，吾往矣！」的氣概。

而一個言行不誠實的人，卻會在內心聽到這種聲音：「我是一個說謊者，我不是一個人，我是一個卑污者，一個載假面具者。」

說謊的人是人類中的敗類，是墮落的人！

一個人一離開了真實，他即失其為人的資格，也就是走近於禽獸。

95. 南泉斬貓

「南泉斬貓」一詞出自《無門關》這本禪書。

有一次，修行僧們為了一隻貓在那兒爭論不休。後來南泉和尚把貓捉來，對修行僧們說：

「你們每一個人都可以為這隻貓求情。只要說得有理，這隻貓就可以獲救。否則的話，我就一刀殺了牠。」

但是卻沒有人出聲，南泉迫不得已只好把貓殺了。

到了傍晚，南泉和尚的高足趙州外出歸來。聽到白天發生的斬貓事件後，趙州脫去草鞋頂在頭上，朝門外走了出去。

這時南泉和尚喃喃自語道：

「要是他在的話，就不用殺貓了。」

從愛護動物的觀點來看，殺貓的確是非常殘忍的行為。

修行僧們在南泉的逼問下，全都噤聲不語，因為他們不知道應該準備什麼樣的答案。更何況貓已命在旦夕，當然不能隨便編個答案。只是他們似乎沒有想到，如果回答不出來，貓一樣會送命。

學校教育教導我們，任何問題都有正確的解答，而我們也一直深信不疑。既然任何問題都有正確的解答，當然人生問題也不例外。

但事實上，某些人生問題有時候根本找不到答案。修行僧們頭腦的混亂，就是由於執著於正確解答所致。

人生問題一旦沒有解答，那麼，就像把草鞋放在頭頂或把草鞋扔掉一樣，不管怎麼做都是正確的。

趙州在南泉和尚面前，完美地證明了這一點。

禪問答並不是思考、判斷後所展現的行動，而是在累積修行中產生的瞬發力。

有人到了社會工作之後，為了應付公司的繁雜事務，猛然發覺自己「少壯不努力，老大徒傷悲」。

但是，後悔是沒有用的。最重要的是現在，以及以後。

既然發覺到自己用功不夠，就應該從現在開始努力地補足所學的缺憾。若有決心，現在開始也不遲。

英國的政治迪斯雷李說：「自覺無知，是知識向上的最大階段。」

不要管過去用功的程度如何，重要的是今後該如何地用功。加油吧！

卡內基說：「沒有一個人不曾擁有好機會，只是他沒有好好把握。」

卡內基去世於西元一九一九年，在他八十三歲的生涯中，在許多方面都有卓越的成就。

卡氏本生長於蘇格蘭的農家，十三歲時全家移居美國。曾在木棉工廠當捲線工人，也當過蒸汽機的火夫、機械工、郵差、電信技術員及鐵路局工人等等……。累積豐富的工作經驗，後來做股票生意成功，也因此成為億萬富翁，被稱為美國的鋼鐵大王。促使他成為鋼鐵大王的背景是南北戰爭，而他似乎對於當時的局勢將爆發南北戰爭，並且將大量需要鋼鐵早有先見之明，所以才能及時把握機會，一舉成功。而他這種敏銳的感覺，可說是已充分流露他特殊的天分。

人生即使真有機運的好壞，但對凡事抱著消極態度的人來說，豈不都是枉然。

96. 惡人正機

《歎異抄》中說：「聖人卻遂往生，何況惡人，然而世人常說惡人猶往生，何況善人。」

「惡人正機」這句話是淨土真宗別於其他教派的重要教義。

提到惡人，我們大都想像騙子、強盜、奸商、政客等，同時也讓我們回想起，愈是壞的傢伙，睡得愈甜。

雖然這裡所說的惡人，一定包含上述的那些人，但在此則更廣賦與大的定義。

佛教的教義認為，自從釋尊以來，學習正教（法），勉勵學習者多方領悟，才是佛教徒應有的修行態度。

阿彌陀佛被認為曾以法藏比丘之名，多方修行，並許下四十八個願，認為凡有生命者，一律要進行研究，否則就不能領悟。結果，祂實現諸願而成為極樂世界的教主。

像這樣活佛的慈悲，能廣大、普及又平等的發揮，難怪人人要祈求阿彌陀佛的保祐。

說來遺憾，能見到極樂世界的阿彌陀佛是在死後的事，可是人們還是願意往生到極樂。因此，唸佛經、心中有阿彌陀佛和極樂淨土、冥想或者心地澄明唸著「南無阿彌陀佛」。

由於這種稱名唸佛的做法很簡單，只要嘴裏「南無阿彌陀佛」唸唸有詞，所以非常流行。

而這種唸佛，也是很好的修行。有人說一天唸幾千次或幾萬次，則一切都能依序進行。可是，太過於極端化後，則變成將用來結唸佛用之唸珠的絲線。在競賽中，誰先斷掉誰就輸的風氣產生。這是基於愈激烈、專心唸佛，愈能確實極樂往生的概念而來。

拚命想做善事，達到極樂往生的人們，稱為自力作善的人。這些人們是「善人」，也就是不了解阿彌陀佛宏願的人。

另一方面，由於無知、迷惑和慾望太強烈，以致無法努力修行的人們（認為世界已屆末日，再修行也無用），就稱為「惡人」。

惡人是不能依靠自己的力量來解救，所以，認為阿彌陀佛既然已實現宏願，那麼，除了依靠阿彌陀佛的力量外，別無其他的方法。

阿彌陀佛的宏願，是以解救不能依靠自力解救者為主。因而可以說阿彌陀佛是以這些惡人為對象，亦即以這些惡人為「正機」，而解救他們。

「機」是意味著個人所擁有的素質和能力，也就是對於一切眾生的觀點。

這就是惡人正機的意思，但是只強調這句話，那麼情形又不太正確。

對朋友的苦難無法施以援手的人，確實很多。事實上，人，都是沒有餘裕的餘力的。每一個人都是為著自己的工作，成天忙著不停。

可是，如果細心體會一下，在眾多人之中，這位朋友卻唯獨來向自己求助的心情，實在是不應該給以拒絕的才對。

英國的神學家佛萊說：「友人在逆境中時，要減輕其苦難。」

朋友陷入苦難時，應該積極地給與協助。做一個值得別人信賴的人，這是人生一個很重要的課題。

97. 四弘誓願

「本願」就是梵文pranidhāna，或是pūrvapranidhāna的中譯。pranidhāna的原意是指「擺在前方」，但一般則解釋為「發誓」、「誓願」的意思。至於pūrva，則是指「以前」的意思。

在印度，非常重視「誓」。印度人有所謂Vrata或Sāthya（是指真實或不說謊的意思）等的用字，這些字句的意思，是指只要立下誓言，而依誓言努力去實踐，就會擁有使事情如願以償的神秘力量。

「立誓願」的方法有很多種，比較普遍者有戒菸、戒酒、斷甜食、斷鹽、絕食，同時也有人戒賭，或不近女色等。

在大乘佛教中，最強調的就是「誓願」和「本願」。

在大乘佛教教義中，特別強調不論是出家僧，或是在家修行的信徒，如果將拯救一切眾生之事（利他、慈悲），當成與自己達成領悟（自利）同等重要。同時，又以利他為優先，決心修習利他行的人們，都能成為「菩薩」。至於菩薩之行，才是佛教最高的行。

因此，想要成為菩薩，首先必須先行立誓，有些宗派有「四弘誓願」。

這四弘的誓願，如下：

一、眾生無邊誓願渡。將眾生無邊，從煩惱與痛苦的此岸，渡（度）到涅槃寂靜的彼岸之誓願。

二、煩惱無量誓願斷。是要斷除一切煩惱的誓願。

三、法門無盡誓願學。學習一切的（被認為共有八萬四千種）教示（法門）的誓願。

四、佛道無上誓願成，亦即佛道無上誓願證。想要獲得佛道上至尊「誓」的誓願。

不論如何，「四弘誓願」是所有菩薩共通的誓願，故又稱為「總願」。

除了「總願」外，還有各菩薩按自己的意圖而立下的誓願。稱為「別願」。

據說，菩薩們必須完全實行了「總願」、「別願」後，才能變成如來佛。

在這個娑婆世界上，並沒有佛的存在。因為彌勒菩薩需在釋尊入滅五十六億七千萬年後，才可以從兜率天下凡來開悟成佛，在祂成佛前，佛並不存在。

藥師如來掌管的是東方的淨瑠璃世界。雖然，祂可以越過河，到這邊來助我們一臂之力，但畢竟只限於現世而已。

如此一來，只有依賴阿彌陀如來了。也就是說，假如我們死了之後，能往生極樂世界中，直接接受教誨，那即是無比的幸福。

因此，人們為了要極樂往生，往往想盡辦法。開始時，進行冥想，口中不斷唸著「南無阿彌陀佛」。如此，嘴上唸唸有詞，為了改變平日行為而努力，為達極樂往生而拚命修行。

但是，阿彌陀如來係因成就了他立的誓願，才能成為如來。有人以為，任何人皆能決定極樂往生。因此，為了要往生才修行（自力往生），這樣做實在不能體會阿彌陀如來的用意。

最重要的是，我們應該相信、體會，靠本願之他力就能得救了。

98. 生死即涅槃

這句話與「煩惱即菩提」是對立的，經常被人提起。各位或許認為，這都是老年人才會說的話。但近年來，在年輕人中間，也是相當的流行。

「即涅槃」一出現，其前面必然會有「生死」二字，這二字與「輪迴」是完全相同的意思。

具有生命的一切眾生，從無始以來，不斷反覆著生後死，死後又生，生後又死的輪迴。

印度人常使用「無始以來」，這是一句很有趣的話。它意味著「從無開始以來」，比「無限的古代以來」更有意義。當然，與無限以來是同義的。

「涅槃」的梵文譯音為Nirvāna，它是意味著如同風吹熄了燈火般，將燃燒的煩

惱完全熄滅的狀態。

在領悟了真實，消除根本的無知、無明的黑暗後，心中的慾望、迷惑等因素也會消失。同時，能得到心平的境地，故又稱為「寂靜」、「寂滅」等。

將生死與涅槃相比，其關係完全無法相容。因為充滿了痛苦的世界，與完全沒有痛苦的世界相比，怎麼能以「即」的關係連貫起來呢？

不過，請各位再回憶一下「色即空」的意思。

大乘佛教宣示的真髓是「空」。在我們加以種種分別時，用語言表達出來的，都是欠缺本性（自性）、「空」的。有了這樣的領悟，才能脫離分別，而能真正的了解這真實的世界。此即「般若心經」中所說的「色即是空，空即是色」的道理。

能夠徹底了解「空」的境地，同時又不被「空」所束縛，而能以清澄之心洞察生的時候，必能了解生死與涅槃並非不同。

惟有將生死、涅槃加以分別思考，才不能脫離分別，而造成被生死之心拘束、涅槃之心拘束的現象。

「佛教宣示的旨趣，是一切事物，不能有執心。」這是《方丈記》中最後的一句話。

能夠斷掉被執心所執著的心，那麼這充滿痛苦和污穢的人生，就會回歸自然，而達到清淨無垢的涅槃境地。

可是，這並非能以世間的水準來說，而是以完成真實智慧的般若波羅蜜境界而言。或者，不要用般若波羅蜜等聽起來似乎很難懂的話句，而只用能找到自然真實的自己，這就是「生死即涅槃」的境地。

J・S米爾說：「獲得幸福的唯一途徑，是不把幸福當做人生追求的目標。」米爾，是十九世紀的英國哲學家，也是位經濟學者。他的理論，對於近代經濟學的發展有很大貢獻。他所說的話被視為功利主義，即將個人快樂的追求，以人類社會活動來解釋。

將「幸福」視為人生目標，而汲汲營營的人，是無法感受到何謂幸福的。

人為了獲得幸福而追求名利，幸福是快樂的泉源，快樂又是人生最大的目標。這種說法似乎理所當然，但如按此想法，而一味追求理想中的幸福，往往會失敗。這句話即用來說明其中的道理。

99. 平常心是道

「平常心是道」，就是指「平常心即是佛道」的意思。

這句話出自於禪宗著作中，同時亦是最有名、最重要的《無門關》第十九則記載。

「佛學中的（教）示之旨（趣），就是對於一切事物，不可以有執心。」這是在《方丈記》末端所出現的字句。

這話說得很有道理，因為如果有執心、執著等束縛的心，就會把你的心徹底攪亂，而使你產生迷惑與痛苦。

束縛之心，是帶來痛苦與阻礙修行的凶煞。

成佛的修行，稱為「佛道修行」。為要達到成佛的修行，就必須經由遵行道。

這道除了古代的「八正道」外，還有各式各樣的修行之道。

只是，執著之心是很難對付的，想要排除它更是相當的困難。

當然，在修行時，除了修行者本身會努力修行，旁人也會勉勵他。

「修行要認真」，固然是好事，但別太大意，這其中可能有陷阱。

舉例來說，努力坐禪這事，只要一次的差錯，便會使勉勵坐禪所達到的無心（沒有執著之心），產生無心境地的執著心。

當你認為這樣不行，而產生想要一心一意坐禪的「心」時，便會對於想更認真修行坐禪，產生了執著心。

如此週而復始下去，則會與「無心」的目標愈離愈遠。到最後，簡直莫名其妙，不知為何而修行，也不知為何有道。

南泉說道：

「想要努力去達成目標的心態，在剎那間，反而離它愈來愈遠。」就是指這個道理。

「平常心」就是毫無「好！我要努力，不努力不行！」的緊張心情。

趙州曾說：「不要太介意……。」

這句話就與自負心有關。沒有自負心，也沒有「想努力達成的心」的心理狀態

時，這種「平常心」便穩穩地立於心頭。如此反而出現條條大道。大道出現的方位，其上方必然是一望無際、萬里無雲的晴空。

如果一直熱心鑽研於「平常心」的思考，那麼很容易走入死胡同，而被「束縛心」所蠶食。如此走火入魔的結果，便造成「平常心」消失殆盡。

更深入地說，能夠排除思慮分別，才能獲得「平常心」，但如果太過於想「排除思慮分別」，那麼反而無法獲得「平常心」。

釋迦所引進的修行者，不斷成為「執著心」的獵食對象。因此，禪學師父常下令修行者停止修行，以免他們鑽牛角尖。其用意是要修行者，不要太過認真，而應輕鬆些，頭腦才會保持清醒。

證嚴上人說：「用心付出之後，自能體會『心自閒』的寧靜與喜樂境界。」

當我們承受太大壓力、情緒不穩、腦筋不清楚、工作不順時，不如乾脆將煩惱暫時拋到九霄雲外，痛快地大玩一場，因為常言道「休息是為了走更長遠的路」。

不過，如果只是為了貪玩而荒廢工作、修行，那就十分罪過了，也將因此而得不到「平常心」。因為「平常心」就是隱藏在工作、修行當中。

100.「紅爐上一點雪」

將紅紅燃燒的爐比喻為佛心、佛性，將雪比喻為煩惱妄想，如此就能了解禪語之深遠意境。意思是如果在火熱燃燒的爐上放一些雪，雪會馬上溶化而消失，就如同佛心、佛性旺盛的話，就算出現煩惱妄想也會馬上消失，而且能恢復原本清淨無垢的狀態。

這句話出現在拔隊得勝禪師和月庵宗光禪師修行中的對話。

月庵：「說出將被刀子殺死的一句話。」

拔隊：「紅爐上一點雪。」

月庵：「雪溶化之後會變成怎樣呢？」

拔隊：「雨雪霰冰雖不同，但溶化之後都是同樣來自谷川的水。」

由此可看出拔隊禪師將一切融合到更高層次的心境。

我們將一點的雪比喻為一念一念生存的煩惱，東想西想的心在佛教叫做辨別的

心，但辨別心的根源是沒有任何東西，就好像溶礦爐上放著一鐵鍬的雪，但雪立刻就消失了。

自覺沒有任何東西的智慧叫做佛性，還未自覺這種佛性的人就是被所謂一念一念的雪困惑，所以必須消除困惑自己的煩惱，充分使用這種煩惱而絕對消除煩惱的主人公，就叫做佛性或自覺佛心的智慧。

旺盛的佛性、佛心就好像烈火燃燒的溶礦爐，將一切的雪溶化掉。

《菜根譚》說：「風吹竹搖動，風過樹靜止。」

風吹過竹林，會發出唏唏沙沙的響聲，而左右晃動，風停時，竹林又回復到原來的寧靜。這句話似乎是描述自然山野的景緻，其實蘊含發人深思的意義。

可取的是，只要風過了，馬上回復原來的平靜。就像外界的干擾過去了，馬上找回失去的專心，不再苦惱於外界的雜務，這才真是偉大異於凡人的地方。以此自然的景象來形容，是再恰當不過了。

的確，在日常生活中，周遭定有許多瑣碎的雜事，假若每件事情都令您苦惱，那有誰消受得了。

101. 按牛頭喫草

這句話是出自《碧巖錄》，是「按著肚子已飽沒有胃口的牛頭，要勉強牠喫草」或「餵死牛吃草」的意思。表示太熱心或勉強他人省悟，但因時節因緣還未成熟，所以沒有用的意思。

這句話來自下面的故事——

從前某地有個比國王還富有的富豪，多年來一直沒有子女，後來終於生了一個男孩，但這個男孩因病而去世了，這個富豪非常傷心，就將孩子的骨放入銀製的壺中，早晚像款待活人一樣，尤其是每月的十五日，搜集了山珍海味，講著他在世時的事情，並且傷心的大哭。

這時，有個牧童拉著牛經過，不知什麼原因，牛突然倒地而死，結果牧童拿起草對著牛說：「你吃吧！為什麼不吃呢？」

看到這種情形的富豪就問他為什麼要做這種愚蠢的事呢？牧量回答說：「這隻

牛才剛死，雖然不吃草，形狀還是原狀，但你的孩子已經變成骨了，以山珍海味當供品，並且還那麼傷心，那又如何能吃這些供品呢？」

這句話有二種意思，第一種是對完全沒有意願的人要如何讓他產生意願，第二種意思是準備考試和戀愛的事，並不是他人要你做你才做的，不管任何事都必須他自己自願，否則就沒有用。

修行也是一樣，如果自己沒有省悟的心，不管怎麼告訴他，他還是不會產生這種菩提心，也可以解釋為沒有要求心的人，不管對他做什麼都沒有用。但對所謂的教育家來說就不行了，對沒有上進心的人要讓他產生自發的心，繼續努力，這種態度才是真正的教育。

俗語說：「不受女人喜歡的男人，通常是缺乏人情味的。」很難成大器。

這裏所舉出與女人的關係，和今日的好色之意不同，只是由一個人對於感情的專注態度，而反映出其他方面的行為。

同樣的道理，缺乏人情味的人，總是令人不願意接近，而這個社會上光靠卓越的才幹及靈活的交際手腕是不夠的，有時也必須表現出最真實誠懇的一面。

102. 一華開五葉

這句話是達摩大師送給二祖慧可大師「付法傳授之偈」的第三句。

「吾本來茲土，傳法救迷情，一華開五葉，結果自然成。」

以前傳說《少室六門集》是達摩大師所著的，但事實上並不是達摩大師的作品，據說是後來才有的，在《少室六門集》中有對弟子慧可所講的偈中的第三句「一華開五葉」這句話，這句話有二種意思。

一是解說中的一心會開五個智慧的意思；另一解釋據說是禪僧自己的解釋，認為五葉的五就是禪宗的五派，因為唐時禪法盛行，所以有五家七宗，據說是把這五家比喻為五葉。

後來就有人以這句話來解釋達摩大師自覺的新法之五個宗法。

所謂「一華開五葉，結果自然成」是表示要發覺本來的自己，要恢復為真實的人，而以一朵花來比喻，就好像開了五個花瓣的一朵花，將來會變成果實那樣。其

實人也是一樣，如果讓天生就有的清淨純真的五個心智（五智）開花的話，佛果（省悟）會自然的成就。

「五智」是指以下的五個。

大元鏡智——好像大的鏡子那般，能把實相照出來的圓滿昭明的智慧。

平等性智——放棄彼此對立的差別，認為是平等無差的智慧。

妙觀察智——具有辨別正邪善惡的優秀觀察智慧。

成所作智——讓眾生獲得利樂的智慧。

法界體性智——認為一切的東西都是佛心表現的智慧。

拉羅修克夫說：「人的生命就像果實一般，同樣各有他成熟的季節。」

如果自己能夠瞭解，目前正處於人生中的那個階段，那麼對於人生旅程中的衝刺，將有很大的幫助，但這點卻難以做到。

假若能對屬於自己豐收的人生季節，作深入的探討，必能為人生的成就帶來很大的改變。而且在瞭解自己的人生季節之後，可以後天的努力，使生命中的成熟季節保持更久，成長得更完美。

103. 三級浪高魚化龍

此句出自《碧巖錄・七》，意思是人若能精進努力，即能成偉大的人。

中國聖天子舜命鯀治黃河，鯀因圍堵失敗而被踢死，於是這項艱難的工程即交由其子禹來完成。禹因治水有功，舜即將天下禪讓給禹，開創了夏王朝。舜將黃河上游的龍門山分隔成三段，讓水通過，於是形成了三段瀑布，即是著名的「龍門（禹門）三級」，三級瀑布的水勢磅礴，景觀雄偉非凡。

每年三月桃花盛開時，魚兒皆群集在龍門，爭先恐後的想躍上瀑布。若躍上瀑布的話，頭上即能生角變成龍的模樣，據說魚變龍後，即能呼風喚雨冉冉升天。但是，只有魚中之王——鯉魚，才能有變成龍的機會，而且必須是金鱗潑刺的鯉魚才能躍上龍門瀑布。

龍，可說是想像中的動物，因為從來就沒人見過龍的廬山真面目。但是，在佛教的國度裏，特別是印度、中國等地，將龍視為保護佛法的動物。

三級岩石佈滿急流，想要爬上三級瀑布必須花費相當大的氣力，及具備無比的勇氣。傳說鯉魚一躍上瀑布，突然雷鳴一聲，電光灼燒鯉魚的尾巴，鯉魚即變成龍而升天。

同樣地，以自己的能力，熱心修行爾後到達省悟的世界，即是「三級浪高魚化龍」的含意。

有誰能對自己的成就無動於衷呢？一般人一朝成功，往往志得意滿，而不知繼續追求新知以充實自己。假若您第一次成功，就沈溺於勝利的喜悅，那麼，可能就毀滅於笑聲的浪潮中。

精益求精，想往高處爬，乃是人類進步的原動力。

不僅是對自己以往的成就，要有突破的心理，仰望前人的功績時，也不能一時模仿他們的行徑，應以自己獨特的作法，創出更好的成績來。

所以，雖然完成了一件事，但不要因此自滿，試想，您的能力只是這樣嗎？而等待您去實行的事情還多著。那麼，您不但沒有時間萌生滿足的念頭，還會激起百尺竿頭，更進一步的慾望。

104. 自利利他

「外表似菩薩，內心如夜叉」，是一句罵女性的話，因此應儘量不予使用。

菩薩在梵文中，是Bodhisattva，中譯為菩提薩埵，意味著求開悟之心的人，亦即「求道者」。

古代是指得道前的釋尊，可是後來因大乘佛教的出現，而演變成不僅為自己求開悟（自利），同時也努力救濟他人（利他）之意。

這種想法，後來發展成為「自利即利他」，再延伸成「自未得度，先度他」的想法。

尤其，《法華經》、《維摩經》等是這種想法的先驅，把出家修行僧（比丘、比丘尼）貶低，而認為在家的菩薩（但並非完全排除出家），才是真正的佛教者。

佛教有很多菩薩像，請各位仔細觀察這些菩薩像。

除了地藏菩薩外，大部分的菩薩像，都有戴著冠、耳環、項鍊或手鐲等非常華

麗的裝飾品。這並不是出家人的姿態，而是模仿王公貴族、富豪世家等在家幸福的姿態。

至於菩薩，是為了救濟他人而努力，並充滿慈愛心的人。

一提到慈愛，令人聯想到女性。

對女性而言，讚美她有如菩薩一般，那是最好的讚詞。

可是，如果說成夜叉，那就是指非常兇惡的意思。

「夜叉」，為梵文Yaksa的譯音，有時又稱為「藥叉」。

夜叉並不是天（神），它是一種在人間中途加入，且具有人類所沒有的超能力的動物，通常棲息於樹上。

本來，其性格是很溫厚的。據說，因解救很多困苦的人們，故曾被人們膜拜。在佛教初期時，也被視為佛教的守護神。

根據佛教故事集的《本生話》所記，有個羅剎女之島，利用美艷的姿色誘惑漂流的商人，在享盡快樂後，將人吃掉。

這個羅剎女的形像與此處所說「內心如夜叉」的夜叉（女）形像相同。

這種外表看來像菩薩，可是內心如夜叉性情，就是女人的本性。

「女人地獄使，能斷佛種子，外表似菩薩，內心如夜叉。」意味著女性是地獄來的使者，能將人心中所具的佛心加以摧毀。

所以，在佛教上，它成為努力邁向佛道的男性警句，而並非專指特定女性。

中國諺語：「行善十年，仍嫌不足；而行惡一天，已太多了。」

這和另一句諺語：「行善無人知，行惡傳百里。」有異曲同工之妙。

本來人的評價觀念就有這樣的傾向，對別人優良的行為，總不會留下深刻的印象，但卻常刻意去記取別人的過失，一旦他人犯錯，即使微不足道，也會成為無法抹滅的污點。

對自己的要求，又是另一種態度，總會心想，我已做了那麼多好事，偶而犯過，應該無傷大雅！這種個人觀念與周遭人群看法的差距，常常是釀成悲劇的原因。

因此，即使您過去的表現優異，留給旁人的印象再好，也不能因此放鬆對自己的要求。美好的形象，不是一天建立起來的，但卻可能毀於一旦。所以，俗語說：「一失足成千古恨」，並非沒有道理，豈可不引以為鑑。

105. 一日不作則一日不食

「一日不作則一日不食」，有它的趣談。這是古代中國的禪宗，在初期充滿活動力時的故事。有一個人名叫百丈懷海（七四九～八一四年），跟了一位連名字都怪異的有名人物——馬祖道一修行。

中國的禪宗與印度的佛教有所不同，但不知何故，都有一個特色，就是不太借助於入世人家之手，而有自給自足的習尚。

舉凡修理房舍、下田工作、鋤草、掃地、挑水、砍柴、煮飯、洗衣，以及採買不能自給的食物等工作，一概稱為作務。乍看之下，坐禪或唸經等，原本的修行和學習，就與它們全然不同。

百丈的年紀雖然已很大，其手下的弟子也為數甚眾，但他對作務卻從來沒有一天怠懈過。

作務是需要耗費很大的體力，那些擔心高齡師父健康的弟子們，為了讓師父休

息，故意藏起作務所需的工具。

既然沒有了工具，也就無法作務，百丈那天只好休息。弟子們這才放下一顆心，但想不到百丈卻不吃任何東西，弟子們只好說出原由，請師父愛惜身體。直到後來，百丈才開口說：「一日不作則一日不食」這句話。

這句話未必是說勤勞精神的可貴。百丈想說的是，不論坐禪、唸經或辛勤作務，都是在修行。也就是說，禪院的生活，從早到晚，不外乎修行的工夫。

舉凡工作，沒有輕鬆愉快的。不過，因對工作所抱持的態度的不同，而產生各種不一樣的心情。

若是帶著一股熱勁來面對工作，再怎麼辛苦也能按耐得住。因為，其中有一個成功的大目標等著。

德國的文學家吉姆洛克說：「忍耐之草是苦的。但是，最後卻會結成甘美的果實。」

覺得工作辛勞而無法忍受時，一定達不到成功。應該抱著熱忱，追求工作的樂趣才是。朝向自己的理想、目標，勇敢地前進吧。

106. 萬里無片雲

這句話出自《禪林類聚》，表示「萬里是指任何地方都大晴天，就連一片雲也看不到。」即在完全清澄的大空狀態。

完全清澄的狀態是比喻清澄省悟的境界，所謂雲是比喻我們的煩惱妄想。

佛教常將雲比喻成人的煩惱，認為人心本是清淨的，而且還有所謂的無明，無明和本來的佛心、佛性結合就會產生所謂的辨別心。

辨別心會創造煩惱，所以佛教說人用光了八萬四千之多的煩惱後就結束一生。

煩惱就像厚雲遮住太陽或月亮，將日月的光遮掩了，這裏將太陽或月亮比喻為佛性。所以將煩惱的雲清掉，所謂佛性的太陽或月亮之光就會燦爛明亮起來。

該如何清掉煩惱的雲呢？佛教中認為有八正道，在八個正道的最後會出現正確的禪定，即會出現正定，所以，八正道即是第八個正定的意思。

所謂正定是做正確的坐禪、修行，正確的坐禪能使我們的煩惱消失，據佛性之

光就是從裏面散發出來的，它將一切煩惱的雲消除，而出現燦爛輝煌之陽的世界，而以「萬里無片雲」來表示這種世界。

以這句話來比喻省悟的境界。

威廉・傑姆斯說：「治療失意的情緒，以喝酒來麻醉自己，倒不如將精神投注於工作中。」

威廉・傑姆斯，是個相當知名的哲學家，為英國實用主義哲學之祖。

所謂的實用主義哲學，並非只以不切實際的抽象理論，來討論人類的問題，實用哲學的真正使命，是衡量事物的實用價值，及探討實踐後的結果。

這位威廉・傑姆斯是位多才多藝的學者。最初在哈佛大學研究醫學，後來又參加亞馬遜河的學術探險隊。三十歲就擔任了哈佛大學的生理學教授，四十三歲擔任心理學兼哲學教授。

他熱衷於研究工作的情形，用廢寢忘食恰可以來形容他旺盛的精力。

傑姆斯這句名言的意思，旨在說明，對任何事情都充滿研究的好奇心，貫徹意志，集中精力，去從事每一件事情。假若能深入瞭解其人的思想背景，就能體會他

說此話的心情及其價值。

大部分的人，在情緒低落時，都會有以酒澆愁的念頭。如此地麻醉自己，雖然可以暫時忘記一切的煩惱，然而，清醒後卻要面對更深的痛苦。

因此，與其用酒來排遣消沈的意志，不如把全付精神投注在有意義的工作中，並深入探討導致情緒低潮的癥結。因為逃避只是弱者的行為，勇敢地面對它才是解決之道。何況集中意志必能提高工作的效率，如此以成就的喜悅，來治療情緒的低落，豈不一舉兩得，何樂不為？

人常會為未來的問題而焦躁不安。為明天的事做準備工作，當然無可厚非，但假如為未知的煩惱，而至無法把目前的工作做好，這種人恐怕到了明天，又要為後天煩惱了……如此日復一日，總是把精力耗費在明日的展望，而徒留今日的遺憾。猛一回頭又將發覺，一生都在不幸中渡過，竟然沒有感覺踏實的時候。

今天只有一個，是稍縱即逝的，而一日任由它飄然遠去，只有空留滿懷悵然了。因此，好好把握這一天吧！讓每個日子都轟轟烈烈，而累積每個充實生動的日子，生活將是充滿意義的。

107. 面南見北斗

所謂北斗就是北斗星，意思是說想看北斗星的話要朝著南方，但一般都是面對北方。

這句話可以說是表現站在絕對「無」的境界，一般認識世界有相對的概念，有所謂的南北向，能超越這種事，其心就能自由活動。

這句話違背常識，因為北斗星在北側，當然要面朝北方才看得到，否則就看不到。

但這裏卻寫著要面對南方看北斗星，所以，在這裏並沒有所謂的南北。南北、東西都是人所定義出來的，並不是天地天生就說這邊是南，這邊是北，是人的辨別心臨時將這邊叫南，那邊叫北。

就像是根源的一心，從無心的世界來看，雖有高興、傷心、愉快，但事實上是將一心分為各種心而已，從本心來看，不是喜悅的心，也不是憤怒的心，所以根源

一心的地方是沒有喜怒哀樂的。

這種世界完全沒有東西南北，如果在這個世界勉強產生辨別心的話，只可以說是那邊是南，這邊是北而已。

為了表示這種根源的世界而故意違背常識，表現為「面南見北斗」。就是對著南方看北斗星，自覺自在的一心。

「命運是無法用個人的力量來左右的。自己做什麼事都不順，或許幸運之神已經不再來照顧我了吧！」做事不如意的人，經常會這樣感嘆。

其實，命運是應該要自己去開拓。只要繼續不斷地努力，用不著祈求禱告，幸運自然就會降臨。

事情有不如意就怪說是自己運氣不好，這是不對的，而且事實上也是於事無補。只要個人肯不斷地努力奮鬥，幸運自然就會隨後而來。

拉丁詩人葛樂第阿里斯說：「人，不管是誰，他自己就是自我幸運的建設者。」

不過，幸運的建設是需要時間的，因此，必須要不灰心地持續努力。

108. 天上天下唯我獨尊

這句話是意味著：「普天之下，只有我是值得尊敬的。」頗有獨霸天下，統治全球的意思。

這究竟是何方神聖，膽敢如此大言不慚地說出這麼狂妄的話呢？

年紀稍長或是對佛學有鑽研者，大概都知道，這句話出自釋尊所說。

令人覺得驚愕的是，這句話並不是釋尊領悟佛道、確立佛教後始說，而是在他呱呱落地，初到人間時的一句開場白。

不過，這也只是神話似的傳聞，並非事實。只有在「佛傳」文學有所記載，顯示這是後代的佛教徒為了宣揚佛教，故意誇大、渲染事蹟，以烘托釋尊的偉大和異稟。

話雖如此，但記載上也提到，釋尊有和常人一般平凡的情況，由此可見其中的片斷是真實的。所以，仍有其值得參考的價值。

釋尊誕生的傳記，有各式各樣的傳說。

首先提到，釋尊在出生下界前，曾在天上遙遠的「兜率天」，修持菩薩行。

聽說兜率天是現在彌勒菩薩修行的地方。記載中指出，釋尊在入滅的五十六億七千萬年後，來到凡間（稱下生），然後在龍華樹下得道成佛。

如此說來，兜率天則是那些能在這世間成佛者的修行處。此外，像這樣能在下一次轉生下界而成佛的菩薩，就稱為「一生補處的菩薩」。

話又說回來，有一天晚上，釋迦族的王妃——摩耶夫人，夢見有一隻白象進入她的腹中。其實，這隻白象就是從兜率天轉世下來的釋尊化身

到了將近臨盆的最後一個月，摩耶夫人想回娘家待產，就在回家途中，她順道參觀屬於釋迦族所擁有的「藍比尼樂園」。

那個時節的遊樂園，沙羅樹上開滿了璀燦的花朵，光豔動人，令摩耶夫人忍不住伸出手去撫摸花朵。當她伸出右手倚在樹枝上時，突然間，奇蹟發生了，釋尊居然從她的右腋中蹦了出來，天地間頓然多了一位傳奇偉人。

不同凡響的人物，便使用不同凡響的方式誕生。因為釋尊沒有嚐到經由產道出

生的痛苦，所以祂出生時，極為平靜詳和，並沒有一般初生嬰兒的哭啼聲。同時，釋尊甫出世時，就站得相當穩，並且不緩不急地朝四周放眼望去，依序是東、南、西、北（正好與打麻將同樣的順序），似乎天下之事，都逃不過祂的法眼。

就在所有人都對這個嬰兒的舉動相當詫異時，只見釋尊朝北走了七步；然後，右手指向天空，左手指向地下，神態嚴肅地說：「在這世間，唯我獨尊。」

這句話正是後來佛典中所譯的「天上天下唯我獨尊」。

在釋尊遺囑的涅槃經之Mahāparnirvāna・Suttanta中，也曾記載著：「以自己為島（燈明），……不要依靠他人。」亦即，所謂的「自燈明」。

無師亦無知己的自我修行法，稱為「無師獨悟」。倒是令人洋溢無比的自信心。

一般認為，「天上天下唯我獨尊」這句話，正是反映釋尊的這種信念。